FSC
www.fsc.org

MIX

Papper från
ansvarsfulla källor
Paper from
responsible sources

FSC® C105338

AF208296

DEN PERFEKTA BOKEN FÖR DIG!

DEN PERFEKTA BOKEN FÖR DIG!

Hur du kan RESA dig VARJE gång, när livet blir tufft.

Av Kevin Vega

DEN PERFEKTA BOKEN FÖR DIG!

Hur du kan RESA dig VARJE gång, när livet blir tufft.

© 2019 Kevin Vega

Förlag: BoD – Books on Demand, Stockholm, Sverige

Tryck: BoD – Books on Demand, Norderstedt, Tyskland

ISBN: 9789177854135

INNEHÅLL

Förord

Kan man vara rik och även lycklig? En person som inte bara har planterat, utan även tagit hand om sin odling och skördat i rätt tid, kommer till slut att vara lycklig med allt den får. Den kommer att lära sig att uppskatta de smådetaljer som livet ger och på så sätt ändra sitt perspektiv och se dem som stora.

Om du från början tar hand om din grund och etablerar ett bra fundament för ditt tänkande så kommer du till slut inte bara att veta din definition av att vara framgångsrik, utan du kommer även att veta hur du tar dig dit på bästa sätt. Du kommer dessutom att agera, vilket är en av de mest väsentliga delarna i utvecklingsprocessen.

Så precis som du kan vara "fattig och ledsen", kan du vara "rik och ledsen" och tvärtom. Tro inte att bara för att du är rik så försvinner dina problem som du hade som fattig, det gör de kanske men endast tillfälligt. Rika människor har andra problem. Men inte ekonomiska, eftersom de drar till sig pengar på grund av vilka de är och har blivit. Deras recept är ett vinnande koncept när det gäller pengar och det fallerar aldrig.

Det har sagts att om man tog alla pengar i världen och delade upp det till lika belopp på allas konton, så skulle det inte ta långt tid förrän det hamnade på de rikas konton igen. Varför säger man så? Det är på grund av att de som har svårigheter med ekonomin saknar kunskap om pengar och hur den kunskapen tillsammans med väldigt enkla principer kan påverka deras liv.

Om vi tog all lycka som finns i världen och delade upp den i lika portioner till lyckliga och olyckliga, hur länge skulle den balansen hålla? Så småningom kommer den som var lycklig från början att dra till sig ännu mer lycka på grund av sitt recept för lycka och den olyckliga kommer i samma takt att

1

dra till sig misär på grund av sitt recept för misär. Så om vi återgår till frågan om man kan vara rik och även lycklig så är svaret: Absolut! Min fråga till dig är: Om jag ger dig mitt recept, är du då villig att börja agera?

Denna bok har jag valt att skriva på ett lättillgängligt och direkt språk utan onödigt komplicerade uttryck eller förklaringsmodeller.

Den här boken är för dig som vill förändra världen. För dig som vill känna att du bidragit och gett tillbaka, som på sätt och vis känner dig skyldig att förändra världen till en bättre plats. Som tur är behöver du endast börja med att bli en bättre person, och att du börjat läsa denna bok säger mig att du redo för förändring och förbättring. Jag har skapat ett recept där jag inte bara kommer att göra det lättare för dig, jag kommer även att förklara steg för steg vad du kan göra för att bli den lyckligaste versionen av dig själv som du kan bli.

Vill du utvecklas ännu mer i livet, vare sig det gäller bättre relationer, bättre hälsa, bättre ekonomiska möjligheter eller bara att lära dig att uppskatta och vara tacksam för maten på bordet varje gång du äter? Många fantastiska böcker i dagsläget och under historiens gång påminner oss alltid om att man inte lär sig om pengar i skolan, och därför misslyckas många som vuxna när det gäller att ta vara på sina pengar, för de flesta vet hur man genererar pengar, men väldigt få vet hur man tar vara på dem.

"If you want to make the world a better place, take a look at yourself and make a change" – Michael Jackson

Om Författaren

Jag föddes i turiststaden Cartagena. Inte långt därifrån bodde mina morföräldrar i en liten by som heter Turbaco, där jag tillbringade de första åren i mitt liv. Det blev hård disciplin och tuff kärlek de första tretton åren av min resa på denna underbara jord, och efter det blev det bara tuffare, enligt mig.

Turbaco var ett ställe där alla visste vilka alla var, och man kunde känna sig rätt säker och trygg, eftersom alla kände varandra. Den största anledningen till att jag bodde hos mormor och morfar var för att kulturen i Colombia och ekonomin i landet gör att familjerna bor med varandra så att man ska klara av att betala för mat på bordet till sina barn. Jag bodde med mormor och morfar, mina två mostrar och deras tre barn, och utöver det så bodde deras makar också med oss. Min mamma var skild från min systers pappa, vilket gjorde att från hennes sida av familjen var det endast jag och min syster Johanna. Min pappa försökte finnas med i bilden så gott han kunde genom att komma och hälsa på mig ibland. Då gav han kanske mig lite pengar innan han återgick till sin andra familj med sina fyra barn, sin fru och sitt heltidsjobb.

Under den tiden kommer jag ihåg att vi alltid hade ett litet rum att dela på mellan oss tre. Det var inte mycket, men jag kan säga att jag uppskattade varenda sekund som jag hade möjlighet att få dela rum med min mamma och min underbara syster.

Att spendera mer tid med mormor och morfar än vad jag gjorde med mina föräldrar gjorde att jag i dagsläget har lärt mig att uppskatta saker och ting för mycket mer än vad dem är, och jag skulle aldrig vilja ändra på det. Hade jag ändrat på något så hade jag kanske inte varit den jag är idag.

Ju mer du läser i den här boken, desto mer kommer du att förstå varför vissa saker som händer oss i livet har påverkat oss och våra val under våra svagaste tider. Men samtidigt kommer du att få insikt om hur saker och ting påverkar oss positivt under våra starkaste tider.

Det jag menar är att det händer något i alla vi som vill utvecklas i livet och vi gör det på olika sätt: vi växer upp.

Det här är en bok som förhoppningsvis kommer att orsaka en stor förändring i ditt liv, principerna som vi går igenom i boken har hjälpt människor i alla tider i deras strävan om en förbättrad personlig utveckling. Och den fungerar bäst om du är ute efter personlig utveckling och ständigt strävar efter en personlighetsförbättring. Läs den med ett öppet sinne och du kommer att inse att ju mer du tittar här och där, desto mer kommer du att upptäcka något fantastiskt med dig själv. Du kommer att finna receptet för ovillkorlig kärlek inom dig och bli en bättre och lyckligare version av dig själv.

Kapitel I. Spontanitet och framförhållning, planering eller huvudvärk?

1. Planera ditt liv, annars kommer ditt liv att planeras åt dig

"Planning is bringing the future into the present, so you can do something about it now" – Alan Lakein

"Planera ditt liv, annars kommer ditt liv att planeras åt dig utifrån omständigheterna", är något som jag insåg hade en stor påverkan på mitt liv när jag blev tjugotre år gammal.

Jag blev uppfostrad av min mormor och morfar som var pensionärer. Mamma jobbade oftast från väldigt tidigt på morgnarna och kom hem väldigt sent på kvällarna, då hennes jobb låg i storstaden Cartagena. Det var inte mer än trettio till fyrtio minuter från där vi bodde, men den fruktansvärda trafiken gjorde det ganska omöjligt för transporten att ta sig igenom utan hinder på vägen, så det tog oftast två timmar att ta sig hem från jobbet. Det gjorde att vissa dagar hann hon bara pussa oss godnatt innan det var dags att gå upp igen och upprepa samma process. Redan där började jag inse i en väldigt tidig ålder att det var något fel på mönstret som samhället byggt upp i systemet. Barn ska inte behöva växa upp och se sina föräldrar endast på morgonen och vissa veckor bara på helgerna.

Eftersom min pappa aldrig fanns med vår familjebild då han redan hade en egen familj med fyra barn och en fru, gjorde det att min mamma fick ta rollen som både pappa och mamma, och det tackar jag henne varje dag för. Hon gjorde det bästa hon kunde med vad hon hade för att ge oss det bästa utifrån sina omständigheter.

Mamma var tvungen att jobba även helger ibland. När hon inte jobbade lagade hon mat och städade huset, men på söndagar hade hon ett löfte till sig själv och oss som hon alltid höll, och det var att vi skulle gå upp tidigt och åka till kyrkan, och om det inte blev stranden efteråt så blev det oftast bio på kvällarna. Söndagarna var en av mina favoritdagar. Då var det säkert för stranden och bion, men nu vet jag att tiden jag spenderade i kyrkan – och även tiden som jag tillbringade med henne – var det viktigaste på söndagarna. Jag visste inte vad det sas i hennes kyrka, det enda jag tar med mig från den tiden under min barndom är att om en person jobbar så mycket som hon gjorde och kämpar sig igenom livet så hårt som hon gjorde – och dessutom går till kyrkan varje söndag och spenderar tid med sina barn varje söndag – så ligger det något oerhört viktigt bakom det.

Nu efter så många år ser jag hela bilden klart och tydligt: min mammas liv planerades åt henne beroende på hennes omständigheter och därför hamnade hon i en ond cirkel som bara repeterades varje dag. Det är så mångas liv i dagsläget är: infångade i en ond cirkel som består av ett arbete de inte tycker om, där man är tvungen att spendera nästan åttio procent av sitt liv för att ge sina barn och familjer det bästa av resterande tjugo procenten av sitt liv. Och låt oss vara ärliga nu: Hur många är det som har energi och kraft till att vara fullständigt närvarande under den viktigaste tiden, den de spenderar med sin familj? Väldigt få. Oftast är deras hjärna någon annanstans och försöker planera och lista ut hur de ska ha råd att betala nästa månadsräkningar.

Det var legenden Jim Rohn som berättade om en man som hade en fru och en dotter. Han jobbade ständigt och tänkte oftast på sitt jobb. När han jobbade så tillbringade han mycket av sin dyrbara tid på jobbet med att tänka på sin familj, och när han var på semester med sin familj så gjorde han precis tvärtom: tänkte på jobbet. En dag så gick hans dotter fram till sin mamma och frågade: Mamma, varför jobbar pappa så mycket? Hon svarade: Det är för att han har mycket ansvar på sitt jobb. På det svarade dottern: Men mamma, varför sätter de inte honom i en långsammare grupp?

Detta exempel på föräldern som jobbade väldigt mycket och spenderade väldigt lite tid med sitt barn, får mig att tänka att i livet kan man ersätta pengar med materiella saker och byta materiella saker mot pengar, men du bör aldrig ersätta tid med pengar, vilket vi oftast gör när vi jobbar åttio procent för pengar. Och ännu viktigare är att inse att pengar inte köper tid.

Jag brukade använda det välkända citatet "time is money", tills jag insåg att **du inte kan köpa tid för pengar.** Alltså är tid mer värdefullt än pengar. I den här världen lär vi oss i en väldigt tidig ålder att jobba för pengar och att byta tid mot pengar, men det som du inte blir lärd i skolan är att det är bättre att byta pengar mot pengar. Och ännu viktigare: att inte jobba för pengar, utan att låta pengarna jobba åt dig.

Om du inte först bestämmer vad som är viktigare i ditt liv – pengar eller tid – så blir det väldigt svårt att planera. Vi vet nu att om vi inte planerar så hamnar de flesta av oss i en ond cirkel.

Du kanske tänker: Tiden är viktigare, men om jag inte har pengar kan jag inte betala de vardagliga kostnader som en familj oftast har för kläder, el, mat, transport, internet, och så vidare. Och om jag inte har tillräckligt med pengar kan jag inte planera roliga semestrar och kvalitetstid med familjen. Så därför är det enklare att välja att jobba längre, kanske till och med ta ett deltidsjobb vid sidan om eller sikta mot att ta mer ansvar på jobbet för att öka din inkomst, och vi vet alla hur det där går till, väl? Det går ut på att göra mer än vad du får betalt för på obestämd tid, och till slut – med all säkerhet –

kommer du att få betalt för det du gör extra. Men vi vet även vad som händer då. Vi hamnar i samma situation som den där pappan vars dotter ville att de skulle sätta honom i en långsammare grupp för att han sällan var närvarande.

Har du någonsin funderat på hur de bästa arbetarna jobbar mindre, åker mer på semester och ändå tjänar betydligt mer än medelmåttan? Det du kan göra istället är att jobba hårdare och smartare med dig själv än vad du gör på ditt jobb. Om du som jag har bestämt dig för att tid är viktigare än pengar, så bör du titta väldigt noga på de principer som jag kommer att dela med mig av till dig i den här boken.

Vid detta tillfälle så kanske du har insett vikten av att du planerar, och då kanske du sitter och undrar: Hur kan jag planera så att mina planer går igenom?

I sin bok **Det blir alltid som man tänkt sig**, jämför Olof Röhlander likheten mellan tankar och planeringar. I boken delar han med sig av sina principer kring hur kraften av vår hjärna och våra tankar jobbar tillsammans med oss för att uppnå våra målsättningar i livet. Här påpekar han hur väsentligt det är att tänka precis på det man vill ha, för utifrån det skapas planeringen. Planeringen i sin tur kommer att pusha oss närmare våra slutmål och det kommer att bli betydligt lättare för oss att se lösningar på de hinder som kommer på vägen.

Vad jag vill komma till är att bland det viktigaste och det första du bör göra när du planerar, är att använda din viktigaste resurs: din hjärna. Använd den för att visualisera långsiktigt, istället för att ständigt hamna i en position som gör dig tvungen att släcka bränder. Använd den för att tänka att det alltid blir som du tänkt dig. När du gör det, så kommer du att överkomma bränderna, och hindren kommer inte att vara något bekymmer, eftersom du fokuserar på slutdestinationen.

Det kommer att påverka ditt undermedvetna på ett sådant sätt att disciplin, engagemang och ihärdighet blommar ut inom dig i situationer där du i vanliga fall skulle ha brutit ihop.

Efter att du har bestämt var du ska, så behöver du veta hur du sätter upp mål och hur du följer alla steg för att du ska kunna ta dig närmare ditt mål.

Vissa mål är lättare att fullfölja än andra – eller tar betydligt kortare tid att uppnå – och detta beror på hur mycket eller lite känslor det finns bakom målen. Är det ett mål som betyder mycket för dig så kommer det att bli lättare, då du konstant kommer att bli motiverad av känslorna. Är det lite känslor eller inga känslor alls involverade, men du har viljan att nå ditt mål, så kommer det att bli svårare, men det är aldrig omöjligt. Det gäller att först göra en självanalys och fundera över: Vad är motiven till att jag vill göra det här? Efter det finns det en regel, och den går så här: Om du inte skriver ner det, så har det inte hänt i framtiden.

Våra handlingar skickar alltid signaler till vårt undermedvetna och ju mer vi repeterar en handling, desto mer kommer vårt undermedvetna att förstå varför, och samtidigt programmera sig till att skapa en perfekt ritning som du normalt inte skulle ha tillgång till om det inte vore för att du programmerat den.

"Motion creates emotion"

Det sätt som jag anser är det bästa för att skriva ner ett mål är följande: Hämta först papper och penna, eftersom det är med hjälp av dem vi bäst kommunicerar med vårt undermedvetna, och det var så de flesta av oss lärde sig att skriva under de första åren av våra liv. Skriv sedan i en framtids-nutid som om det redan hade uppnåtts. Sist men inte minst får du inte glömma att skriva ner hur målet skulle få dig att må och vad du skulle känna under sekunden när målet uppnås, vilka egenskaper eller saker du har tack vare detta mål, och framför allt: ett specifikt datum för när du lyckas att uppnå det.

Låt oss säga, att du har bestämt dig för att ta din partner på en lång semester till Maldiverna, där stugorna ligger över vattnet, morgondoften av den friska luften finns där så fort du vaknar, värmen av solen som reflekteras i vattnet väcker dig, och där lugnet och mjukheten av havets vågor gör stämningen harmonisk. Då hade jag skrivit mitt mål på följande sätt: Idag den 14 juni 2020, är jag otrolig tacksam och lycklig för att jag äntligen har lyckats komma med min fru till Maldiverna, och tack vare det njuter vi idag av varandras sällskap. Jag har aldrig sett henne lyckligare, och när hon är lycklig så är jag lycklig!

Detta var bara ett exempel, men det förlorar sin kraft om du kopierar andras sätt att skriva sina mål på. Det du måste göra om du har ett mål är att skriva ner det med dina egna ord och känslor, men efter samma mall.

Det som händer efter att du har bestämt dig och sedan skrivit ner ditt mål är att du måste sätta upp det du skrivit någonstans där du konstant kan se det, kanske på spegeln eller i bilen för att påminnas om det. Ännu väsentligare är att läsa det högt för dig själv varje dag tills du uppnår målet. Jag rekommenderar att du repeterar denna process två gånger om dagen: en när du går upp på morgonen och en gång till innan du lägger dig, i minst 21 dagar, då det genom forskning har bevisats att det är ungefär så lång tid det tar för en ny vana att programmeras in i ditt undermedvetna.

Vad tror du skulle hända om du skrev ner dina mål två gånger per dag med papper och penna, alla dagar under resten av ditt liv?

Planeringen i sig är det som gör det möjligt för dig att redan nu hitta lösningar, genvägar och smarta sätt för att uppnå ditt mål under den bestämda tid som du har satt upp. Bland det första du gör innan du startar ett företag är därför oftast att analysera alla möjligheter, nackdelar och fördelar, och skapa olika strategier för hur du kommer att uppnå dina uppsatta mål under de kommande åren.

Ett annat exempel som vi kan ta fram här är arkitektexemplet. Om du går fram till någon arkitekt och ber henne svara dig på hur högt du kan bygga något som är stabilt, så kommer arkitekten nästan alltid svara att det beror helt och hållet på hur djupt vi gräver. Ju djupare vi planterar grunden, desto högre upp kommer vi.

Om du bygger en stabil grund för hur du ska ta dig mot ett mål, så har det en markant påverkan på dig innan du börjar att sätta dig ner först och lista ut vilka motgångar som kan uppstå på vägen. Redan nu kan du hitta lösningar på dessa, men glöm inte att det finns fall där man tar itu med problemen när de väl dyker upp. Och låt oss vara realistiska: ingen väg är fri från hinder, och det kommer med all säkerhet nästan alltid att dyka upp saker på vägen som man inte hade räknat med. Men däremot kan du ta på dig vinnarnas glasögon och se vad de ser, vilket är snabba och långsiktiga lösningar som inte gör att de tappar fokus från slutdestinationen.

I din planering kommer det också att finnas en lista med mindre delmål som du kommer att behöva agera efter, och för varje delmål du uppnår kommer du att hamna ett steg närmare ditt slutmål.

Låt oss nu säga att ditt mål är att få en egenskap hos dig att växa. Samma process fungerar för detta, men strategin här är då att utveckla andra egenskaper som fullbordar den du vill förbättra.

Säg att du vill bli ännu mer kärleksfull mot människor, alltså utveckla kärleksformen "agape" som innebär att älska människor oförbehållsamt. Då kan du skriva så här:

"Idag den 16 mars 2024 finner jag i min själ en otrolig lättnad och stor tacksamhet, då jag vet att jag har funnit balansen mellan mig och människor via villkorslös kärlek. Jag älskar mig själv och jag älskar alla jag kommer i kontakt med, trots deras unika sätt att se livet på."

Är det en egenskap du vill ha för evigt så kan du testa att bara skriva "idag", eller ändra datumet varje dag du skriver ner ditt mål.

Jag trodde att jag visste hur man planerade, eller att jag höll på att planera viktiga händelser i mitt liv, men jag hade fel. Det var efter att jag lärde mig att planera på rätt sätt och lägga upp mål med bestämda handlingsplaner mot en klar slutdestination som jag insåg vilken kraft det fanns i det, och hur jag dag för dag kom närmare mina mål. Efter varje succé blev det nästan overkligt, men det var endast då jag kunde uppleva och njuta av mina skapelser. Jag kallar det "succé" och du kanske tänker: De måste varit stora, målen han satte upp för sig själv. Men tvärtom: jag lärde mig att uppskatta det lilla, för det är där det stora finns och där det väsentliga tar plats.

2. Spontanitet är en frihet

Jag gillar att planera för det gör att mitt liv går åt det håll jag vill styra det åt, men jag älskar också spontanitet.

Du kanske undrar hur jag kan älska spontanitet? Eller det kanske inte är så svårt att lista ut? Jag tror att det har att göra med att ju mer jag planerar, desto mer lär jag mig att uppskatta när man kör offroad, och jag ser mig själv som en äventyrare har alltid har gjort det.

Vad menar jag med "offroad"? Jo, med det menar jag att jag älskar att göra mer som jag känner istället för att göra det som jag behöver för att mina planer ska bli fullbordade. Har du någonsin kört utanför vägen? Kanske gått till en tom parkering och kört mellan parkeringsrutorna och över sträcken under en snöig dag? Hur kändes det? Visst var det annorlunda? Eller om du inte har gjort det, har du kanske saltat eller sockrat en mango och sedan ätit den? Det är precis det jag menar med att köra offroad och manifestera det genom att vara spontan

12

och fatta spontana beslut, testa nya saker, men framför allt genom att våga vara dig själv, alltså annorlunda.

Spontanitet är något som jag tidigt upptäckte under alla de gånger som jag och mitt gäng tappade bort oss med våra cyklar inne i skogarna i Colombia. Ja, man blev rädd – och jag fick dessutom stryk av morfar när jag kom hem – men det var det roligaste jag gjort i mitt liv hittills.

Vi kom oftast till nya ställen, vi upplevde så mycket, men framför allt levde vi i nuet. Jag minns en gång när vi hittade ett vattenfall långt in i skogen. Vi hade cyklat i flera timmar och till slut kom vi fram till ett ställe som vi aldrig hade hittat annars om det inte vore för vår instinkt och nyfikenhet för att upptäcka nya möjligheter. Det fanns fiskar i flera färger, träd som man kunde hoppa i vattnet från, och vi visste ingenting om rädsla då, den försvann. Trots att vi inte visste var vi befann oss, var vi just då just där.

Jag är en person som mer än gärna åker på semester mitt i veckan eller tar en weekend till Afrika, varför inte? Skapa nya vänskapsband, varför inte? Uppleva nya dofter, varför inte? Smaka goda frukter, varför inte? Stå på Eiffeltornet och skåda Paris, varför inte? Lära mig ett nytt språk, varför inte? Bosätta mig utomlands, varför inte?

Ska bara jag kunna göra allt det här? Nej, kärleken går bortom mina egna önskemål och endast vad jag vill. Om jag visar dig principerna som har öppnat dörrarna som har tagit mig dit jag är, är du villig att lyssna då?

Det är precis på grund av att jag ÄLSKAR spontanitet så mycket – alltså det oförutsägbara, att inte veta vart jag ska, att kunna bara slappna av och leva i nuet, att kunna leva precis som jag vill och inte behöva oroa mig för hur morgondagen kommer att se ut, utan istället skapa nya äventyr under morgondagen och leva imorgon när det ÄR imorgon – som jag har valt att offra några korta år av mitt liv med en bestämd livsplanering med specifika handlingsplaner mot ett riktat slutmål.

Vad är det för vits med att vara spontan om du varje sekund oroar dig för mat, hus, ekonomi, framtid, jobb, problem, stress eller att tiden inte räcker till?

"Nothing that life has to offer is worth the price of worry" – Napoleon Hill

I denna värld finns det bara en entré och en utgång och vi allihop passerar igenom båda till slut. Det finns en typ av människa som lägger väldigt mycket fokus på att skaffa sig materiella ting. Det kan bero på många faktorer: Det kan vara på grund av rädsla att förlora det som de redan har, eller på grund av säkerhet, en trygghet i att veta att oavsett vad som än händer så kommer de alltid att klara sig ekonomiskt. Sammanfattningsvis så skaffar vi pengar för vad det kan göra, inte för vad det är.

Den andra typen av människa är de som fokuserar mest "på egenskaper". Många av dem jobbar eller har jobbat väldigt många år på ett jobb som de inte tycker om för att kunna försörja sin familj och leva. De accepterar sitt öde, och eftersom de värdesätter sin familj så växer kärleken till familjen i dem ännu mer. Det gör i sin tur att de får ännu mer kraft för att orka jobba eller göra något som de inte tycker om i väldigt, väldigt många år. Det blir en cirkel tills krafterna till slut tar slut och kroppen ger upp. Faran då är att man kan dö otillfredsställd och med ångest. Då den dagen kommer inser man att man egentligen hade kunnat ha gjort mer.

Sedan så vill jag påstå att det finns en tredje typ av människa och det är de som har total frihet över sina liv. Dessa människor har vad jag vill kalla "ovillkorlig balans". Och grattis, du som läser detta befinner dig på rätt väg, eller är redan är i den här gruppen och läser denna bok för att utvidga dina resurser och få ny inspiration till att finna ännu mer lycka i ditt liv. Det kan låta overkligt och det kan låta väldigt optimistiskt, men dessa människor sticker ut för sin förmåga att kunna göra vad som känns bäst när det känns bäst. De brukar leva nästan helt fria från bekymmer, och finns det bekymmer så ser dem rakt igenom det. Värdefulla egenskaper är något som de redan har och konstant strävar efter av att utveckla. Det finns inget som kan fängsla dessa människor förutom kärlek och lycka.

Varför tror du att en väldigt liten procent av alla människor är och kan kvalificera sig för den tredje gruppen? Ta en sekund och tänk på vad som är lättast: att arbeta på ett jobb som du inte tycker om, eller att göra allt och vad som krävs för att jobba precis med det du vill och leva exakt hur du önskar?

Det är inte lätt, men vem har sagt att det skulle vara lätt? Ju fler svåra saker du gör och ju bättre du LÄR dig att hantera tuffa utmaningar, desto mer kapabel blir du till att ta itu med saker och ting som kommer att dyka upp. Alltså blir du svårare att ta ner och livet blir lättare för dig. Gör det istället för att låta livet bli svårare och trycka ner dig, för då kommer du att bli svagare. Vad du nu än bestämmer dig för att göra, vilken väg du än väljer att gå, så tro mig: det kommer att vara svårt, för livet är fullt av utmaningar.

"Vad är vitsen med en utmaning om den är lätt?"

Ett annat sätt att se det på, är genom att föreställa dig att livet är som en krokig väg med extremt många hinder. Du kan också se det som att det enda hinder som finns i livet är du själv. Du kan inte ändra på hur livet är, men däremot kan du ändra på hur du ser på livet och vem du är.

"Everything is hard before it is easy" – Johann Wolfgang von Goethe

Precis som i vilket nystartat företag som helst, kan man oftast inte veta lösningen på alla problem i början. Man lär sig med tiden och det är den som uthärdar som till slut lyckas med sitt företag. Alla företag kan nå framgång om personen bakom det har receptet på framgång och utnyttjar det.

Jag vill hävda att det är lättare att jobba på ett ställe som man inte tycker om och att tänka att det är ett måste för att kunna ge sin familj den tryggheten de behöver och för att kunna

15

göra det du vill, även om det endast sker på planerade tillfällen. Det handlar om vanor, och många tycker att det är så mycket lättare att bara jobba och känna sig trygga med ett jobb man inte tycker om men som man måste ha, än att byta gamla vanor mot bättre vanor som ger en lösningen, kunskapen och självinsikten som man behöver för att sluta på ett tryggt men tråkigt jobb och göra det som man verkligen tycker om. Hur länge kan du låtsas tycka om ditt jobb? Det är lugnt. Chefen och kollegorna märker till slut att du inte gillar ditt jobb. Företagare vill oftast ha människor som har ett brinnande intresse för det jobb de har blivit tilldelade, därför att man oftast gör mer än nödvändigt när man tycker att jobbet är spännande, mål fokuserat och utvecklande.

Känner du någon som har blivit varslad någon gång? Eller kan det vara så att du har varit den personen? Enligt Arbetsförmedlingens statistik under 2017 så varslades det i snitt i Sverige cirka 3 000 personer inom olika arbetsgrupper. Ställ dig denna fråga: Är mitt nuvarande jobb verkligen så tryggt som jag tror? Om svaret är ja men du fortfarande inte vill känna dig fängslad, så bör du börja idag med att skapa nya vanor. Om svaret är nej så bör du inte säga upp dig, men se till att du har en plan och ett nytt syfte. Var inte rädd, arbetsgivaren kommer att uppskatta det, tro mig, för vi som arbetsgivare vet att en person som tycker om sitt jobb alltid kommer att prestera det lilla extra utan att man ens behöver säga till. Arbetsgivare vill ha en arbetsmiljö där alla trivs, och älskar du redan det du gör så är det strålande! Och ha i åtanke nu att när jag säger "älska" så är det endast svaret på en enkel fråga som du måste ställa dig: Skulle jag kunna göra det jag jobbar med gratis, endast av ren omtanke och kärlek, om jag inte hade behövt pengarna?

Nu kan du fokusera mer på hur du kan växa inombords som person, och hur du kan bevisa att du verkligen älskar ditt jobb. Behåll ditt jobb, men börja jobba mer med investeringar och passiva inkomster, så kallade pengamaskiner. **"Älska det du gör och gör det du älskar"**

Här får du en övning, därmed en självaffirmation. Avsluta meningen:

Eftersom spontanitet är en frihet, så bestämmer jag mig idag för att ...

SLUTA MED_____ OCH BÖRJA

MED_____

SLUTA MED_____ OCH BÖRJA

MED_____

SLUTA MED_____ OCH BÖRJA

MED_____

SLUTA MED_____ OCH BÖRJA

MED_____

SLUTA MED_____ OCH BÖRJA

MED_____

Som du märker så är denna övning riktad mot ditt beteende och dina vanor. Varför är den inte riktad mot materiella ting? Längre fram i boken får du förklaringen när vi ägnar ett helt kapitel åt att analysera vanor och känslor.

Jaga efter värdefulla egenskaper och kunskaper som ger dig rätt verktyg för specifika mål. Försök att göra rätt från början, men det är ingen fara om det blir fel.

En väldigt framgångsrik och högt uppsatt chef blev intervjuad en gång, och man frågade henne hur hon gjorde för att bli så framgångsrik. Hon svarade: Genom att fatta många bra beslut. Då frågade man henne: Men hur visste du vad som var rätt beslut? På det svarade hon: Det visste jag inte. Jag upptäckte det genom att fatta enorma mängder med felaktiga beslut.

17

Spontanitet är en frihet, men det är också det som tvingar oss att lära oss av våra misstag. För visst har vi alla fattat felaktiga spontana beslut någon gång? Menar jag alltså att spontanitet kan vara en risk? Ja, det är precis vad jag menar. Men kom ihåg: de godaste frukterna finns alltid på de klenaste grenarna, och det är upp till dig att våga klättra ut dit och ta dem.

3. Omständigheter kan bli till hinder

Har du någonsin varit med om att du har en superbra dag: kaffet från Espresso House smakar plötsligt godare, solen skiner och du vet att ingenting kommer eller kan förstöra din dag för idag är det din dag. Men så plötsligt så får du ett samtal från en nära släktning som berättar att din pappa eller mamma har avlidit. Eller att din hund måste avlivas på grund av dess ålder. Du visste att det skulle hända men du hade inte en aning om att det skulle ske så här fort. Din dag är förstörd. Det finns i stort sett ingenting som kan lyfta upp en i dessa stunder, det enda som vi kan göra är att sörja. Det hjälper inte att låtsas att allting är bra när det egentligen inte är det. Du kan däremot hoppas och tro att det kommer att bli bättre.

Det finns en process som man arbetar med när man vill må bättre, och det första steget man handskas med är att acceptera verkligheten och se nuläget som det är: ett tillfälligt nederlag och inte slutet.

Visst har vi det allihop jobbigt på ett eller annat sätt? Livet ger oss slag från både höger och vänster, men oavsett vad du nu går igenom så kommer du att överkomma det.

Det finns en man som du kanske har hört talas om, hans namn är Mark Goffeney. Han föddes i San Diego 1969 och är idag en väldigt känd gitarrist, talare och programledaren. Han fick en Emmy Award 1999 och han har medverkat i tv-shower som StarTomorrow. Men det som han är mest känd för är sin unika talang för att ta fram överväldigande känslor hos sin publik varje gång han spelar gitarr. Hans talang kom inte från en dag till en annan. Han är ett levande bevis på att övning inte bara ger färdighet, utan också skapar talang.

Förresten, visste du att Mark Goffeney föddes utan armar? Han spelar med sina fötter. Precis såsom han borstar sina tänder, äter och klär på sig, så spelar han också på sin gitarr. Mark Goffeney har fått – och kommer säkert att få fler – av de där nyheterna som du kanske redan har fått när någon av dina föräldrar eller att en annan släktning har avlidit.

Så när vi snackar om omständigheter och svackor så snackar vi också om hinder. Men när vi gör det så är det oerhört viktigt att vi är medvetna om att alla hinder som finns eller kommer att dyka upp i våra liv, är sådana vi kan ta oss över, under, eller rakt igenom. Låt inte hinder stå i vägen mellan dig och det som gör dig lycklig.

Ett hinder är bara ett sätt för livet att lära dig något om karaktär och beslutsamhet. När hinder dyker upp – och tro mig det kommer de att göra – så behöver du se dessa som en möjlighet för dig att bygga upp dig själv och växa starkare. Hinder är som dina grönsaker: de gör dig stor och stark. Låt inte omständigheter bestämma din riktning och din väg.

Vem säger att du inte kommer att bli sjuk nästa vecka? Eller imorgon? Det kommer att dyka upp tusen saker, och ju mer du letar efter olyckliga omständigheter, desto fler kommer du att hitta. Och de kan komma i form av ursäkter också. Alla dessa hinder påverkar oss. Men en sak som du alltid behöver tänka på är att om du inte kan springa så kan du fortfarande jogga, om du inte kan jogga så kan du gå, och om du inte kan gå, så kan du krypa. Men oavsett vad du gör så kan du jämt göra som klockan och röra dig framåt med tiden!

När vi håller på att förändra någon dålig vana – och speciellt när vi har bestämt oss för att utveckla en ny och bättre vana – så tenderar hinder att dyka upp betydligt oftare. Det sker på grund av att vi sträcker ut oss utanför vår bekvämlighetszon. Självklart är det via misstag som de flesta av oss lär sig, men vore det inte lönsammare och mindre smärtsamt om vi kunde förebygga misstag genom att göra rätt från början och göra det som andra som är där vi vill vara redan har gjort? En vän sa detta till mig en gång efter att jag hade skjutsat honom hem. Vi pratade och då kom de ord som sedan dess har blivit oförglömliga: "Den vise lär sig av sina misstag, men den som lär sig av andras misstag är den kloke." Och sedan dess har jag bestämt mig för att hålla en balans genom att lära mig från både mina och andras misstag.

Så omständigheter kan bli ett hinder, men det behöver de inte bli. De blir enbart hinder om vi tillåter de att bli det. Tänk om The Rock lät **depressionen** förbli ett hinder, eller om Ellen DeGeneres lät **mobbningen** förbli hennes hinder? Tvärtom, dessa personer – precis som många andra – tog det som var bekymmer i deras liv och skapade egenskaper utifrån det, och dessutom växte av det till den punkten att problem och hinder inte längre var ett bekymmer utan en ren styrka.

Låt oss vara ärliga: utan hinder och utan svåra omständigheter hade ingen av oss kommit dit eller blivit den person vi är idag, vare sig det anses vara positivt eller negativt. Kom ihåg vad William Shakespeare en gång sa: **"There is nothing either good or bad, but thinking makes it so."**

Så ställ dig en fråga: Hur ser jag på mina omständigheter? Behöver en omständighet vara positiv eller negativ? Låt oss inte hoppa över vad en omständighet är. Det kan vara något som gör det svårt, men vem som avgör om det är positivt eller negativt är endast du och ditt tänkande, ingen annan. Men tro mig: om gitarristen Mark Goffeney kunde omvandla ett liv utan armar till något vackert, så kan du göra det också.

Ibland kan omständigheter dyka upp helt plötsligt. De dyker oftast upp när du minst anar det. De kommer att krossa dig eller stärka dig, endast du bestämmer vad som komma skall.

En man som kunde mycket angående omständigheter var Edward A. Murphy som sa:

"If anything can go wrong it will, and at the most inconvenient of times." Detta kallas idag för "Murphys law".

Låt inte dina omständigheter bestämma över ditt liv. Anpassa dig inte efter varenda liten grej som dyker upp, sakta inte ner, ladda istället upp precis som en raket innan start. Du bestämmer, du har kontrollen, ingen annan. Vi är lika och vi är olika. Det betyder att vi alla har olika egenskaper och tycker och tänker olika, men vi alla är lika på så sätt att vi allihop har förmågan att skapa nya egenskaper som kommer att förbättra oss som personer och ge oss ett starkare sätt att tänka under de svåraste tiderna.

Det var en gång en man som hade en vision, en vision om att han en dag skulle bli den person som han ville bli. Han tänkte och tänkte konstant på den person han ville bli och till slut så dog han ... innan han blev den han kunde blivit. Vad menas med detta? Är målen med våra liv så pass onödiga att vi till slut slösar bort ett helt liv på att jaga något som från en dag till en annan plötsligt kan försvinna? Hur kommer det sig att människor gör detta om och om igen, trots att de vet att de kan dö när som helst? Att de till och med riskerar sina liv för att uppnå sina drömmar och sina målsättningar? För att det är värt det, och för att de är beredda att dö för det som de kämpar för. När du bestämmer dig för vem du vill bli eller vilket mål du än föreställer dig att du vill uppnå, så kommer du från och med den dagen du bestämde dig att ha uppnått och hittat en ny väg mot din framgång. Från och med den dagen har du redan förändrats, och det viktigaste är att du har hittat dig själv genom att bestämma dig för vad du vill göra. Det sägs att världen har en speciell plats för människor som vet vart de är på väg. Det behöver inte nödvändigtvis innebära att du vet vägen dit, men jag tvivlar inte på att när du väl har beslutat dig för vart du vill eller vem eller vad du vill ha, så kommer du att ha skapat all självsäkerhet som du behöver för att hitta stigen som kommer att leda dig till vägarna som gör dig till den positiva karaktären som du har visualiserat. Och det är då man växer.

Kan du föreställa någon enstaka gång som du har planerat noggrant, allt från början till slut, men ändå tycks omständigheter eller hinder dyka upp? Kan man då säga att det alltid blir som man tänkt sig? Eller att det aldrig blir som man tänkt sig? Allt är relativt.

Om du planerar halvdant så räknar du inte med hinder. Kan det till och med vara så att vi människor har en väldigt kass förmåga för att uppskatta saker och ting? Därför är det oerhört viktigt att när vi planerar så gör vi det samtidigt som vi räknar med de olika hinder som kan uppstå på vägen och att vi räknar med att vara beredda på mycket mer jobb än vi har tänkt oss. På så sätt blir det ALLTID SOM MAN TÄNKT SIG.

Så vad händer då om det dyker upp oförutsedda hinder som man inte vet hur man hanterar? Många brukar vid det här laget ofta ge upp, på grund av arbetet eller den extra tiden som man behöver lägga ner på att hitta lösningen. Endast om du ger upp så blir det aldrig som du tänkt dig, men om du mot all förmodan – och trots alla oförutsägbara hinder – tar dig igenom, och gör det som krävs för att komma vidare, så kommer du med all sannolikhet att uppnå vilket mål du än har. Och större än så är att uppnå alla drömmar som du nånsin haft eller har och det liv som du vill ha kontroll över.

Så ska du låta dina omständigheter bli till hinder och ge upp? Eller ska du agera konstant mot en förbättring i ditt liv, oavsett hur liten den är? Det väsentliga här är att tiden inte tvingar dig att gå fram, utan att du rör dig med tiden genom att utvecklas till ditt bästa jag.

Ditt öde är i dina händer, ditt val gör du varje dag.

4. Livet är fullt av överraskningar

Tror du på tur? Bra tur eller dålig tur? Det sägs i alla fall att bra tur är vad som händer när förberedelse möter möjlighet.

Är definitionen av dålig tur motsatsen? Alltså oförberedelse möter möjligheter? Absolut.

I livet kan människor uppleva att de blir överraskade på ett eller ett annat sätt. Ett exempel på detta kan vara när man inte tror på något särskilt mycket, men sedan visar det sig ändå vara sant. Och tvärtom: när man har trott på något eller någon länge och sedan sviker den personen dig för evigt. Det kan kännas som en överraskning i stunden, men i grund och botten finns det alltid saker och ting som vi blundat för och som hade hjälpt oss att förstå att något inte verkar stämma.

På grund av dig själv så skapas överraskningar inte på grund av någon annan. Du väljer alltså om du ska bli överraskad eller om du ska resonera som en vis person som vet att ingenting varar för evigt så länge du inte tror på det. Och när man tror på något så agerar man och gör saker som förstärker den tron. Gör du inte det så kan du inte förvänta dig att ingenting kommer att hända och sedan bli överraskad när det ändå gör det.

Så vad är livets överraskningar? I grund och botten så finns det inga. En del människor tycker att de är de enda personerna på planeten som har en miljondollaridé eller en överrasking, men verkligheten är att det kanske inte är sant. Det kan faktiskt finnas hundratals människor som tänker på samma sätt som du gör just nu. För att sätta saker i perspektiv: överväg hur många gånger du har gått in i en butik eller tittat på tv och sett en liknande idé som du hade för några månader eller år sedan och som finns nu ute på marknaden.

Gick den personen, som du aldrig har träffat, in i ditt hus medan du sov och använde alienteknik för att dra ut det ur ditt minne? Är det möjligt att din betrodda vän delade din idé? Troligen inte. Det är snarare mycket möjligt att någon hade samma idé som du, och faktiskt **gjorde** något med den.

Kan det var som så här att precis såsom en idé inte är ens egen, finns det just nu i världen andra människor som går

23

igenom liknande "överraskningar" som du går igenom, både positiva och negativa? Allt handlar om perspektiv på saker och ting.

Låt inte livet överraska dig. Var beredd på det värsta som kan hända, men ha en stark tro på att bra saker ska hända och förvänta dig ständigt det bästa ur det värsta. Bara du kan välja att redan idag fundera på hur du kommer att se på överraskningar från och med nu. Ska du låta risker och rädslan för att något oförutsägbar kan hända stoppa dig? Eller ska du börja välja hur du ser på saker och ting?

Det finns en naturlag som heter "attraktionslagen". Denna lag säger att allt du tänker på, pratar om, och agerar mot kommer du till slut att attrahera. Jag har upplevt denna lag själv och läst många böcker från personer som beskriver dess effekt och som också har upplevt attraktionslagen i verkligheten.

I sin andra bok blandar Lili Öst beteendevetenskap med attraktionslagen – det kosmiska fenomen som innebär att likheter dras till varandra. Boken "Så Klart! Hur DU & Attraktionslagen blir ett vinnande team" vänder sig till dig som är nyfiken på hur du kan ta hjälp av universum och dina egna tankar, känslor och beteenden för att nå dit du vill. Du får handfasta verktyg för att skapa en positiv förändring i ditt liv och nå dina mål, oavsett om det gäller att nå en drömtillvaro eller vända motgångar till framgångar.

Så den mesta delen av tiden som saker och ting händer, händer de på grund av någonting som har hänt först. Alltså lagen om handling och effekt.

Kapitel II. Att handskas med det förflutna

5. Att handskas med det förflutna en gång för alla

Det är sen fredag eftermiddag i Colombia. Min moster Ilva vill ta med mig och min syster till en väns kalas borta i någons hem. Jag är runt åtta år gammal och min syster är runt tolv. När vi kommer till kalaset så serveras det snacks och dricka, det blir en del dans och kalaset är i full gång. Efter ett tag så blir min syster trött och går och lägger sig i någons säng. Det här är första gången vi befinner oss i det här huset och första gången vi träffar min mosters kompisar.

Efter ett tag så går jag ut själv till terrassen för att gunga i hängmattan och ligger där och gungar för mig själv en stund, sedan så kommer det en kusin till någon på festen, en man i 35-årsåldern som också ville leka med mig. Han börjar gunga mig och putta mig fram och tillbaka, och ställer sig framför mig för att kanske ta emot mig om jag skulle falla. På hans sista putt så tar han tag i mig, och kramar mig och sedan med kläderna på juckar han på mig. Jag sliter mig loss, för han håller om mig relativt hårt, och rusar in till min syster i rummet där hon låg och sov för att väcka henne, vilket jag också gjorde. Jag berättar med ett okontrollerat tonläge: Vi måste iväg härifrån! Det finns en man här som juckade på mig vid hängmattan och jag vet inte vad han skulle gjort mot dig som ligger här och sover!

Så vi springer till min moster och berättar genast att vi vill gå därifrån och aldrig nånsin komma tillbaka.

Nu kanske du undrar varför jag väljer att dela med mig av denna obehagliga händelse i mitt liv? Det är för att precis som många andra därute så har jag också ett förflutet med många obekväma stunder. Jag förstår dig. Om bara det där kändes så fruktansvärt för mig så kan jag inte ens föreställa mig hur det känns för dig som faktiskt har varit med om värre. Men en grej kan jag med all säkerhet säga, och det är att om jag hade gått igenom det du gick igenom så hade jag nog känt likadant som du kände och känner.

Du är inte ensam. Det finns många därute som dig som har gått igenom samma obehagliga och hemska situationer som du har fått uppleva. Men du är stark, och att du läser denna bok säger redan mycket om dig. Du är unik, och det finns något hos dig som ingen annan har, en superkraft, en förmåga att se motgångar som uppgångar och svagheter som styrkor!

Säg detta högt: JAG ÄR DEN STARKASTE MÄNNISKAN JAG KÄNNER!

Så hur kan vi handskas med vårt förlutna? Ska vi glömma det? Som du kanske vet, så är det nästan omöjligt att bli av med tankar som ligger inpräglade djupt i vårt undermedvetna och som är sammanflätade med väldigt starka känslor. Vi minns oftast det vi inte vill komma ihåg och glömmer snabbt det vi behöver minnas. Det har att göra med känslorna som vi upplevt under dessa stunder.

Det allra första vi bör tänka på, är att när vi handskas med vårt mörka förflutna så måste vi först acceptera att det har hänt precis som vilket annat bekymmer som helst. Acceptera att det kommer att vara en del av dig och du kommer att vara en del av det. Väx utifrån det, använd det som styrka. Ditt förflutna kan vara din starkaste källa till motivation i vissa fall. Många av er som läser denna bok har innerst inne ett förflutet som ni än idag går runt och förtränger och försöker låtsas som om det inte har hänt.

Det har hänt, och därför finns det ingenting du kan göra för att ändra på det. Det enda du kan påverka är det som ska hända.

Du kan handskas med det, hantera det och inte ge det mer värde än nödvändigt, speciellt om det är en obehaglig stund som du försöker förtränga. Men allt förflutet behöver inte vara hemskt.

Musiken kan ofta förväxlas med en tidsmaskin. Den tar oss tillbaka till diverse stunder i våra liv som är fyllda med mycket känslor, ofta kan det vara precis när vi går igenom någon depperiod. Den enklaste vore att inte alls lyssna på den musik som vi vet drar ner oss och som påminner oss om var vi kommer ifrån. Men i de allra flesta fall dyker musik upp trots att vi försöker undvika den. Vad kan vi lära oss av det? Visst känns det som att vårt förflutna jagar oss vart vi än går? Som att ju mer vi försöker bli av med det, desto mer dyker det upp vart vi än går? Om vi håller det simpelt så kan vi lära oss att hantera det och ännu bättre: omvandla det till vår fördel.

6. Utan det förflutna hade nutidens verklighet inte funnits

Varför är det bra att handskas med ditt förflutna? Jo, för utan ditt förflutna hade nutidens verklighet inte funnits … För dig som fortfarande inte har insett att där du ligger just nu är ett val och inte ett öde, så försök se till att du kommer därifrån om du inte är lycklig, om du är ledsen eller om du går igenom något just nu. Inse att varenda dag som går, har du – som alla andra – ett val, ett val som heter fri vilja och som inte börjar med vad du har, utan med vem du är. Förändring på din utsida börjar först och främst med din insida, för ditt yttre är en spegel av ditt inre.

"Vem du ÄR skriker så högt, att jag inte kan höra det du säger."

Men för dig som är på väg mot ständig förbättring och vill handskas med ditt förflutna en gång för alla så är det väsentligt att du lär dig att det är ditt förflutna – alla de sämsta såväl som alla de bästa stunderna – som gjort dig till den du är och också bidragit till vad du har och vilka egenskaper du återspeglar.

Det viktigaste här är att inte glömma vilka vi är. För det behöver vi tacka vilka vi har varit och vara glada för vilka vi

27

kommer att bli. Allt positivt, och också det negativa som finns i ditt liv idag, är ett resultat av dina val en gång i tiden. Men samtidigt är vi alla offer på olika nivåer: offer av någon annans dåliga beslut, men samtidigt är vi också lycklig lottade av någon annans bra beslut. Men glöm inte att varje gång du blir påmind om den negativa händelsen i ditt liv, kan du omvandla de negativa tankarna som säger: på grund av det så är jag så miserabel, på grund av det så är mitt liv meningslöst.

Tänk istället: på grund av det så är jag starkare, på grund av det så kan jag hjälpa andra genom att inspirera och bli ett levande bevis på att det inte är slutet.

Var glad, och kom ihåg att det gynnar dig inte att vara arg för något som har hänt. Det har sagts att ilska är vinden som släcker ut hjärnans ljus.

Tänk positivt kring allt som du är på grund av att du gick igenom något hemskt. Tänk på att det kunde ha varit värre, att du inte är den första eller den sista som livet misshandlar. Tänk på den person som just nu går igenom något värre och tänk på att livet är värt att leva. Men bara du kan göra skillnaden. Världen behöver dig – vi behöver dig: din talang, dina egenskaper, dina drömmar, dina förändringar. Du är speciell och utan dig är världen ofullständig.

Du i alla dina former. Du i alla stunder. Oavsett vad du går igenom just nu så behöver vi dina egenskaper. Har du kommit så här långt i boken så innebär det att du söker efter svar, precis som jag och miljontals andra människor där ute som ständigt letar.

Det sägs att den som letar kommer till slut att hitta … och den som inte har hittat har inte letat tillräckligt noga. Det kunde inte vara mer sant. Testa!

Om du ser dig själv som offer så till den grad att du ger upp, så har du troligtvis förlorat balansen mellan liv och död.

Många människor vandrar omkring utan liv i en kropp som lever ... Att ge upp hoppet innan man ens har letat efter svar, är värre än att dö i förtid.

Så vad är ditt perspektiv på verkligheten du befinner dig i? Är världen svartvit eller kan man se någon glimt av färg i den? Och skulle man kunna måla om?

Att veta vad man måste göra räcker ju oftast inte hela vägen för att motivera någon att agera istället för att reagera i sitt liv. Det är oftast när vi inser vilket liv vi egentligen går miste om, som vi blir motiverade till att ta steget mot en förbättrande förändring.

7. Kris är möjlighet

Det har sagts att när man skriver det kinesiska ordet kris så består den av två symboler, den ena står för fara och den andra representerar möjlighet."

Senare så visade en professor vid namn av Victor H. Mair, som var expert på kinesiska på Pennsylvanias universitet, att detta påstående inte var sant.

Detta sas av John F. Kennedy, och vem var det? Han var ingen mindre än USA:s president mellan 1961 och 1963. Numera betraktas Kennedy som en ikon av många amerikaner. Enligt undersökningar är han, näst efter Moder Teresa och Martin Luther King, den mest beundrade personen bland amerikaner. Så inte nog med att bli president, han blev också betraktad som en av de mest beundrade personerna enligt amerikanerna. Vad säger det om hans sätt att se på kriser? Hjälpte hans perspektiv honom att inte bara bli vald till president, men också att betraktas som en person som väldigt många såg upp till?

Det här lär oss att trots att symbolerna på kinesiska inte representerar fara och möjlighet, så kan vi idag fortfarande lära oss av våra misstag. Jag väljer att se möjlighet när kris uppstår, och om det inte finns en möjlighet så skapar jag en. Vad väljer du?

Allt handlar om perspektiv. Föreställ dig att du är ensamstående och har en familj på tre barn. En dag kallar chefen in dig på kontoret och ger dig de tråkiga nyheterna om att du blir uppsagd och blir av med ditt jobb på grund av varsel. Hur skulle du känna dig? Visst är det en krissituation för dig och din familj, efter många år som anställd blir du nu av med den enda ekonomiska tryggheten. Och säkerheten som skyddade och hjälpte dig och din familj att klara av vardagen försvann. Det spelar inte någon roll vad du har gjort, hur mycket du har offrat och hur mycket tid du har lagt ner på att bevisa för din chef att du är en person med hög arbetsmoral. I detta fallet kan inte ens chefen hjälpa dig. Företaget måste dra ner lönekostnaderna för att inte gå i konkurs.

Vad gör du? Visst skulle du bli orolig och omfamnas av en viss rädsla? Det är normalt. Många av oss skulle känna oss mediokra och som att vi inte räckte till för vår familj och oss själva om vi inte kunde uppfylla deras behov. Men vad händer sen? Det mest naturliga är att du genast börjar leta efter jobb, men efter månader av arbetslöshet och en a-kassa som knappt räcker till så börjar du märka att dina ersättningsdagar snart kommer att ta slut.

Ser du möjligheten? Är det nu du faktiskt har chansen att återuppta arbetet med den där boken som du aldrig skrev färdigt? Ska du göra eller läsa den där utbildningen som du verkligen ville läsa? Ska du ta den där PT-utbildningen som

30

du en gång drömde om och äntligen verkligen få jobba med din passion? Eller ska du äntligen förverkliga din affärsidé och öppna upp ditt eget företag? Vad är ditt drömjobb?

Hur blir det om vi fokuserar på vår personlighet när du känner dig hotad? Jag har en vän som blev av med sitt arbete för ett tag sedan. Tror du, efter du får de tråkiga nyheterna, att ingenting spelar roll, och att din attityd inte har någon betydelse för vad chefen kan göra för dig? Min vän tog de tråkiga nyheterna på ett bra sätt. Han förstod att lipa, svära eller till och med skrika på sin chef inte skulle göra saken bättre, trots alla hans ansträngningar som han hade visat under åren. Hans positiva inställning och det optimistiska intrycket han lämnade kvar hos sin chef gjorde att efter några veckor så blev han och hans fru båda kontaktade av ett annat företag som ringde och frågade när de kunde börja arbeta. Hans chef hade nämligen inte glömt av honom och hade rekommenderat honom till sin vän, vilket resulterade i de fantastiska nyheterna om ett nytt arbete på mindre än en månad. Min vän var helt mållös, och visste inte hur han skulle tacka sin före detta chef.

Tror du att han hade fått den chansen om han inte sett en möjlighet istället för kris när han fick nyheterna om att han precis hade blivit av med sitt jobb? Han såg möjligheten att behålla en positiv inställning, och det var hans ödmjukhet och förståelse för chefens situation som gav honom det nya jobbet.

Fundera över vilka av de följande krissituationerna du kan se möjligheter i:

1. När du blir av med ditt jobb.
2. När du är osams med någon.
3. När någon annan fick befordringen istället för dig.
4. När du hade viktiga planer med en vän och han eller hon avbokade i sista sekunden.

5. När dina barn gör något fruktansvärt framför dina ögon.
6. När en jordbävning inträffar och många blir av med sina hem i ett annat land.
7. När du berättar för någon att du har starka känslor för den men du inte blir bemött som du förväntat dig.
8. När din partner lämnar dig för någon annan.
9. När du fått en allvarlig sjukdom.
10. När någon anhörig eller väldigt nära vän avlidit.

8. Var alltid tacksam för det som varit, det du har och den du är

Kommer du ihåg första gången du använde ordet tack? Du var förmodligen liten och visste inte riktigt var det innebar, utan du lärde dig såsom de flesta att det är något man säger när man får hjälp eller när man blir bjuden på något, och uttrycks oftast till den person som utfört den goda gärningen. Men ordet tack kommer från tacksamhet, vilket omfattar mycket mer än att bara säga tack. Det innebär att man visar uppskattning för det någon gör eller har gjort mot dig. Uppskattning kan även uttryckas genom att du gör en god gärning för dig själv om du är tacksam för din egen tillvaro och det som varit. Det kan lätt kopplas till att fira sina framgångar och på så sätt visa att man är tacksam för det som varit. När du är tacksam för det som varit även om det är ett resultat som du inte i själva verket har påverkat, så kommer du genast att må bättre med dig själv och inse att bekymmer som är bortom din kontroll kan vara under kontroll om du endast lär dig att hantera dina reaktioner kring det som har hänt genom att vara tacksam.

Vad går vi miste om när vi inte uppskattar oss själva? Om du inte uppskattar dig själv så går du miste om den viktigaste tillgången för oändlig framgång som du har i ditt liv. Visst är det naturligt att man blir besviken, ledsen och arg emellanåt. Det är helt okej, vi människor är den enda arten på planeten som har förmågan att uttrycka sina känslor på det sättet. Men det värsta du kan göra är att bli arg och besviken på dig själv, för det är på grund av allt som varit som du borde vara tacksam och uppskatta allt du fortfarande har. Samtidigt är vi den enda arten som har en fri vilja, och därav har möjligheten att bestämma hur och vad vi vill känna. Därför är det så oerhört väsentligt att du lär dig exakt vad som triggar dina känslor så att du kan använda det till din fördel, och ännu bättre är det om du lär dig att kontrollera känslorna i sig.

Det var en gång en man som gick på gatan. Han hade förlorat sitt hem och sitt jobb, men det värsta av allt var att han nu hade blivit rånad på sina skor. Han var arg, besviken och ledsen för det som hade hänt. Hur hade du känt? Den här mannen vandrade i flera veckor i samma tillstånd tills han träffade en tiggare som inte hade några fötter. Från och med den dagen så bestämde han sig för att vara tacksam för sina fötter, eftersom han åtminstone kunde gå. Det gjorde att han genast började må bättre och kom tillbaka på fötter igen.

Varför är det viktigt med en inställning grundad på tacksamhet? Att vara tacksam för din hälsa, din familj, ditt liv, dina egenskaper, dina bekymmer, dina lösningar – allt som du kan tänka dig i ditt liv just nu – är en ovärderlig egenskap. Vad tittar du mest på? Det negativa eller det positiva i ditt liv? Visst handlar det om perspektiv? Vad ser du runt omkring som är positivt och vad är negativt? Allt handlar om att konstant förändra ditt sätt att se på saker och ting. Kan du, så föreslår jag att du börjar omvandla negativt till positivt i ditt liv. Bekymren som du har idag bör du vara tacksam för och uppskatta, för utan dem så hade du inte kunnat utvecklas och vara mer kapabel till att hantera större bekymmer och motgångar i framtiden.

Att du har läst så har långt i denna bok säger väldigt mycket om dig, så var alltid tacksam för den du är. Det är du som gör denna resa möjlig, det är du som har kontroll över vart du är på väg. Och visst finns det naturlagar såsom the law of attraction och många fler. Men den största naturlagen som finns är lagen om människan. Den säger att människan är en del av naturen, vilket innebär att vi har kontroll över alla naturlagar. De växer ständigt inom oss och vi väljer om vi ska använda dem till vår egen fördel. Att vara tacksam för möjligheten att vara en del av utvecklingen är en ära, och något som vi definitivt utan tvekan bör vara tacksamma över.

Att vara tacksam är ingenting som man föds med. Precis som med allt annat och alla de fina egenskaper som vi har, så är det någonting vi lär oss. Och kom ihåg att allt du lär dig kan du ständigt lära dig mer om och bli bättre på. Hur kan vi visa ännu mer uppskattning? Jag vill påstå att det inte handlar om endast en gigantisk fin gärning, utan tacksamhet visar man genom många små gärningar som i längden kväver och gömmer dessa stora gärningar, vilket gör att de glöms. Om du visar att du är en tacksam person genom dina handlingar, så kommer dina handlingar att tacka dig genom att visa dig vilken person du är.

"If you want to become full,

let yourself be empty.

If you want to be reborn,

let yourself die.

If you want to be given everything,

give everything up."

– Dao De Jing

9. Kan vi glömma det vi inte vill komma ihåg?

För att veta hur vi kan glömma eller förtränga det vi inte vill komma ihåg så måste vi först och främst förstå oss på vår hjärna och lära oss hur den fungerar när den vill minnas och varför vi minns någonting.

Vår hjärna består av två delar: den vänstra hjärnhalvan och den högra hjärnhalvan. Den högra är den som lagrar alla känslor, medan den vänstra är den som lagrar all fakta och som associeras mer med siffor och statistik. Har du någonsin undrat över varför du kommer ihåg vissa saker bättre än andra? Det handlar om känslorna som fanns i det ögonblicket som det du vill komma ihåg hände. Hur djupa känslor finns inblandande i ditt ögonblick? Är de så pass starka att de är sammanflätade med dina tankar? När vi behöver minnas någonting så samarbetar våra hjärnhalvor lite som en mottagare och en kommunikatör. Den högra hjärnhalvan hämtar fram våra minnen genom receptorer. Minnena skickas sedan vidare till vår vänstra hjärnhalva, alltså mottagaren. Den ska nu tolka informationen, analysera den och sedan sätta ihop den i rätt ordning i form av meningar, bilder och färger.

Vi kan även dela in vår hjärna i det medvetna, förmedvetna och det omedvetna. Det medvetna består av de känslor, sinnesintryck, minnen, upplevelser och tankar som vi för tillfället är medvetna om. Den medvetna delen består av det vi har tillgång till sådant vi använder oss av konstant.

Enligt Freud är det förmedvetna sådant som inte finns just nu i det medvetna, men med lite tid och ansträngning kan vi plocka fram det.

Det omedvetna är den del som normalt dominerar personligheten. Där finns minnen, tankar och känslor som vi inte har tillgång till. Till stor del är det sådant som vi inte orkar ha i det medvetna för att det är för tungt och smärtsamt. Därför låter vi allt sådant material passera till det omedvetna för att slippa handskas med det. Vi använder censur och starka spärrar mot det som finns i det omedvetna. Allt som hamnar i vårt omedvetna har vi inte alltid fri tillgång till, men det kan plötsligt dyka upp och triggas av något, till exempel någon form, bild, ljud, ljus, färg, etcetera.

Nu när vi vet hur vår hjärna fungerar och vad den använder för metoder för att komma ihåg, så kan vi konstatera att det är väldigt svårt att lära sig att glömma något som sitter djupt i vårt omedvetna och som är omringat av väldigt starka känslor. Det som man kan göra istället är att träna upp det förmedvetna och byta ut dåliga stunder mot bra stunder. Skapa något som inte finns just nu i vårt medvetna, men som med lite tid och ansträngning kommer att kunna träda fram. Byt ut negativa situationer i ditt förflutna mot bättre, finare stunder med ännu starkare känslor. Kom ihåg att du måste konstant kämpa för det du vill ha, och samma gäller för det du vill komma ihåg, för så fort du slutar kämpa för det, kommer det du inte vill ha genast att ta över.

Det här gäller för de minnen och dåliga upplevelser du kan ha haft i ditt förflutna. Men vad gäller om det är du som kan ha orsakat en negativ upplevelse eller händelse i någon annans liv? Det som är gjort är gjort, men man kan alltid göra mer positivt som kväver de negativa minnena hos någon. Det är alltså du i det här fallet som har ansvaret att se till att rätta till det. Du har även möjlighet att öva upp din karaktär, dina egenskaper, din ödmjukhet, samt din förmåga att förlåta och kunna be om förlåtelse.

Det kan ha gått veckor, månader och till och med år, men det finns alltid tid att rätta till det. Även om personen inte är kapabel eller redo att förlåta, så kan du ändå förlåta dig själv och vara tacksam över dig själv då det krävdes styrka och en väldigt medveten hjärna för att inse och förstå att du alltid är ansvarig, i alla lägen. Du kan inte förändra världen på en gång, men genom att bli en medveten, modigare och snällare person så kan du hjälpa till att förbättra världen.

"Det är många droppar som fyller glaset."

Ångra inte det du gjort, inse bara att du inte alltid har rätt och förlåt dig själv för det du borde ha gjort. Kom ihåg att det är bättre sent än aldrig, och kan du så be om ursäkt. Men det bästa är att det aldrig är försent.

10. Starta nu

När är den bästa tiden för att göra någonting bra? Visst kan du känna igen dig om jag påminner dig om den gången du körde över hastighetsbegränsningen på motorvägen? Under den dagen så tänkte du inte alls på att följa lagen och köra enligt hastighetsbegränsningen. Men vad hade hänt om du istället hade kört i rätt hastighet? Och visst kan du då också tänka på riskerna och farorna som uppstår när vi inte följer reglerna? Men hur ofta hör man att en bilist har blivit stoppad av polisen på motorvägen och fått beröm och presenter för att personen kört enligt hastighetsbegränsningen? Det är absolut inte den belöningen som vi är ute efter här. Personlig utveckling och personlighetsförbättring handlar om så mycket mer än bara tillfälliga belöningar. Det handlar om att hitta en växande kärlek som ger dig lycka och förgyller dina dagar och drömmar. Den lyckan du har nu är bara en del av den lycka du kommer att ha. Men var tacksam för den lycka som du redan har för den är mycket större än den lycka många andra drömmer om.

Den bästa tiden att starta är nu, där du sitter och där du är med precis vad du har och vad du känner. Det spelar inte någon större roll om du går igenom något tufft, känner dig nere eller inte har orken, vi har lärt oss nu att motiv och drivkraft kan skapas precis lika bra från både positiva händelser som negativa minnen. Använd det som ditt varför. För att komma ifrån där du är just nu måste du använda dessa starka känslor och lägga dem i en visualisering över var du vill befinna dig i ditt liv längre fram, vem du vill vara och vem du vill bli ihågkommen som. Du är dåtiden, nutiden och framtiden.

Din framtid är inte nu, men det är nu som du kan skapa din framtid. Det som har hänt har hänt och kommer alltid att fortsätta hända om du inte påbörjar en förändring just nu. En liten förändring är det som krävs för att börja. Någon liten men konsekvent och återkommande förändring kommer att göra en markant skillnad i längden.

Innan du fortsätter att läsa, gör följande:

Om du inte har storstädat eller städat på länge så gör det nu. Ditt hem är en reflektion av dig. Vill du få ordning och reda på ditt liv, dina planer och dina drömmar så måste du först börja med att få ordning på ditt hem. Du kan inte ta på dig den nyköpta kostymen om du inte först har duschat.

Och det har sagts: "**Before you do something, there is always something else you got to do first.**"

1. Hämta papper och penna och skriv ner dina drömmar. Gör en livsplan med fem års mellanrum för dina planer och inkludera dina drömma i dem. Om du är 30 år så sätter du upp mål som kommer att bli uppfyllda när du blir 35, och sedan 40, och så vidare.
2. Skaffa dig en virtuell kalender för tidshantering. Oftast har du det på din telefon, men med Outlook eller någon e-postkalender blir det smidigare. Gå in på datorn och börja skriva på ett ungefär hur dina veckor kommer att se ut. Bestäm fasta tider för allt som du

gör dagligen: från de viktigaste detaljerna som att avsätta tid för familj och vänner, att läsa, eller skriva på din bok, till när du ska träna, laga mat och storstäda. Det som är praktiskt med dessa virtuella kalendrar är att du smidigt kan planera något och sedan välja hur länge det ska återkomma varje vecka. Jag rekommenderar att du repeterar obegränsat och sedan var tredje månad avsätter tid för att omvärdera och redigera din kalender, för med tiden förändras omständigheterna. Det kan hända plötsligt att du får andra arbetstider och behöver ändra på grund av det. Men nu kanske du tänker: Men jag vet vilka tider jag jobbar, varför ska jag då skriva ner det också, såsom allt annat? Jo, det är för att syftet med kalendern är att se till att alla dina 24 timmar blir produktiva och fylls med precis det som ditt medvetna jag vill uppnå."**Don't leave anything to chance."** Skriv även ner när du ska sova och när du ska gå upp. Forskning har visat att människor som går upp vid samma tid och lägger sig vid samma tid varje dag har lättare att få bra sömn och är mer utvilade än andra. Dessutom vill du känna dig produktiv och visst vill du leva ett meningsfullt liv som känns bra och hälsosamt? Glöm inte att det är smådropparna som fyller glaset, så vill du uppnå något om 60 år så är det mer än väsentligt att du börjar arbeta med det dagligen. Inkludera det i din dagliga att-göra-lista.

3. Gör en ettårig handlingsplan för de saker du kommer att behöva göra för att uppnå dina mål.

4. Gör en att-göra-lista för morgondagen varje kväll innan du lägger dig. Lägg till dina viktigaste händelser.

5. Gör en att-göra-lista för veckan varje söndag och revidera den varje måndag. Kom ihåg att tid är

oförutsägbar och du måste vara flexibel och beredd på att anpassa dig och göra om dina kalendrar varje dag om det behövs.

III. Tankar, ord, handlingar, vanor och du

11. Hur starka är våra tankar?

"Whatever the mind can conceive and believe, it can achieve." – Napoleon Hill

Jag minns första gången jag fick smaka på kraften av mina tankar. Det var en varm sommardag inne på en snabbmatsrestaurang. Jag skulle städa milkshakemaskinen och medan jag höll i en trasa och var på väg till maskinen som var en meter framför mig, så ropade min arbetsledare: Kevin! Kan du gå och städa milkshakemaskinen? Jag log och gjorde det, men innerst inne kokade jag. Det var inte första gången det hände, men det skulle bli den sista som de körde med mig på det sättet. Personen visste att jag skulle göra det, och hade redan tidigare gett instruktionen. Självklart ska man direkt utgå från att personen inte kommer ihåg eller att den har glömt, eller åtminstone försöka hitta en bra och positiv förklaring till varför den säger till igen, men denna vinnarskalle-inställning fanns inte då hos mig. Det jag insåg då var att människor, speciellt de som har ansvar, gillar att missbruka sin makt. De har en ständig längtan efter mer makt och älskar att trycka ner andra för att lyfta upp sig själva. Många gör det på grund av att de är osäkra och tror att genom att använda medvetna eller omedvetna härskartekniker kan de må bättre i längden. Sanningen är att de endast mår bra för stunden, men i längden är de miserabla. De här människorna kommer konstant att dyka upp, men från och med den dagen så bestämde jag mig för att se till att i vilket jobb jag än kommer till så ska jag vara den som ser till att alla blir rättvist behandlade och att ingen

40

missbrukar makten över någon annan. Jag bestämde mig för att bli den ledare som jag egentligen ville ha framför mig. Så jag blev min egen förebild.

Just där och då bestämde jag mig för att göra allt jag behövde för att visa mer av den ledare som finns i mig eftersom jag hade jobbat ett tag som medarbetare och personerna där redan var vana vid att inte se mig som ledare, så skulle det nu bli väldigt svårt för mig att försöka bevisa för dem att jag var kapabel att leda. Det tog exakt två år för mig att klättra och bli restaurangchef, och det hände inte förrän vi fick en ny regionchef som då fick chans att se vem jag egentligen ville bli. Han såg den jag kunde bli och inte den jag var.

Det är lustigt, men som ledare är en av de viktigaste egenskaperna att alltid kunna se bortom vad ögat kan se. Det gäller att hitta dolda men bra egenskaper hos människor, och verkligen föreställa sig att de är som oslipade diamanter som någon gång i framtiden kan glänsa i till och med den mörkaste och djupaste grottan.

Allt började med en tanke som hade starka känslor bakom sig. Känslorna blev mitt bränsle och tanken blev slutligen mitt mål. Jag hade ingen aning om hur eller när jag skulle bli chef, det enda jag visste var att jag någon gång skulle bli det. Men från och med den dagen började jag bete mig som en restaurangchef. Inte bara mot mina kollegor, utan även mot mig själv. Jag ställde mig frågor som: Om jag vore min egen chef, vad skulle jag vilja att min chef gjorde? Förutom att följa alla regler och normer som är ett måste, så tyckte jag att chefen skulle göra lite extra. Visa att den verkligen bryr sig, inte bara om restaurangen, utan även om medarbetarna. Chefen skulle ha ett genuint intresse för varje individ och vara hjälpsam i alla situationer. Det tyckte mina chefer om, och jag klättrade på karriärstegen och inte en enda gång sa jag till någon att jag ville bli chef, det skrek om det ändå. På senare tid har jag lärt mig att sätta sig ner och prata med chefen om att du vill klättra upp i karriären ger ännu snabbare resultat. Det visar inte bara att du är ansvarstagande, utan även att du nu har ingått ett omedvetet muntligt avtal med din nuvarande chef.

"How tall can a tree grow? It can only grow as tall as it can." – Jim Rohn

Så hur starka är våra tankar? Våra tankar kan endast vara så starka som vi tillåter dem att bli. Det som avgör hur kraftig en tanke kan bli beror på hur starka känslor som finns bakom tanken. Så en tanke måste alltså förbli en växande tanke för att den ska skapa en drivkraft hos oss. Ju mer du förstärker din tanke, desto snabbare växer den.

Konsten att förstärka en tanke: Det naturligaste är väl att gång på gång bli påmind om varför du vill göra en förändring, alltså att föreställa sig hur det skulle kännas om allting vore som du tänkt dig. En variant på en naturlig förstärkare är till exempel din omgivning, miljön, dina vänner och hur du trivs med ditt nuvarande arbete.

Om en person inte trivs så finns det tre saker som kan hända: fight, freeze eller flight.

- Fight: Det är vad många gör, och det behöver inte nödvändigtvis innebära att man blir chef, utan det kan förekomma i form av mindre förändringar som att endast känna att man har gjort något åt det genom att kanske säga till personen i fråga, chefen eller i värsta fall facket. Man **tar** tag i situationen och åstadkommer en konkret förändring.

- Freeze: Att frysa fast. Trots att något stör dem så vågar de inte agera. Rädslan för konfrontation är ett hinder och i många fall blir den som den hårdaste is som håller fast deras vilja som i en liten iskub. Det kan också hända på grund av lathet.

- Flight: Det här är vad många genast börjar fundera över. Jag hatar mitt jobb och jag måste säga upp mig, brukar det låta som. Ju mer tanken växer, desto starkare blir den och inom en snar framtid har oftast denna person slutat på jobbet. Personen blir hellre arbetslös än att jobba kvar en enda dag till om tanken växer så pass att den slår helt och hållet.

Det finns också en medveten förstärkning av våra tankar och den har vi tillgång till varje dag den förklaras av Napoleon Hill i sin bok Think and Grow Rich och heter lagen om självsuggestion. Den påverkar även vårt undermedvetna om vi utövar den en längre period och är konsekventa.

Hur vår dagliga rutin ser ut är det snabbaste och enklaste sättet att få en tanke att slå igenom och se till att det alltid blir som man tänkt sig. Genom att börja med små steg och lätta förändringar i vardagen så kan dessa pyttesmå förändringar orsaka enorma resultat om de görs kontinuerligt.

Till exempel: se och läs högt en målsättning som du har på spegeln eller på kylskåpsdörren. Ännu bättre är det om du skapar självaffirmationer och läser upp dessa som om det redan vore en del utav ditt liv. Mer om detta finner du i Kapitel 1.

Om du stannar upp en stund och mediterar kring vad du har runt om dig, hur ditt liv ser ut, i vilken miljö du befinner dig i … Känner du då att det är dags att göra en förändring? Har du någonsin funderat och sagt till dig själv: Tänk om det vore så här? DÅ är det dags att börja förstärka den tanken. Du behöver inte vänta tills ditt undermedvetna träder fram och agerar utifrån naturliga förstärkningar – du kan göra en förändring här och nu genom att endast förstärka tanken och tro på den så att du till slut agerar och gör vad som krävs för att nå dit. Kom ihåg att allt som du tror på starkt kan bli verkligt. Endast du sätter gränserna. Vad har du för gränser?

12. Hur snabbt kan vi etablera en ny vana?

Att medvetet etablera en ny vana kan vara bland det svåraste som jag har gjort. Personlig utveckling handlar om lite av många egenskaper i kombination med varandra. Det handlar om att lära sig att älska det man gör, och göra det man älskar. Så tiden i sig för hur snabbt en ny vana går att etablera är relativ med hur snabbt vi kan avskeda en dålig vana. Men tänk om vi inte har några dåliga vanor? Oroa dig inte, det har vi alltid. Vi människor har en tendens att konstant låta dåliga vanor komma in i våra liv, trots att vi försöker etablera nya, goda vanor.

Det är alltså en konstant kamp, och det är det som gör att personlig utveckling pågår livet ut. Man kan påstå att så fort man slutar kämpa för det man vill ha så kommer det man inte vill ha automatiskt att ta över. Om du inte sköter din trädgård så kommer det att växa ogräs där till slut.

Allt blir med tiden inte bättre, det blir endast bättre om du är villig att kämpa för det. Därför hör du ofta människor som säger att det var bättre förr. Dessa personer saknar förmågan att kunna anpassa sig och lära sig med tiden och istället dör de med tiden. För det är vad tiden gör: den dödar om du inte är villig att växa med den. Lägg till liv i dina år, inte år i ditt liv.

Om du vill etablera en ny vana så måste du först lokalisera vilka dåliga vanor det är som står i vägen för den nya vanan som du vill etablera, och sedan börja göra precis tvärtom. Är det så att du vill börja gå upp tidigare? Då kanske det är smart att börja med att inte lägga sig så sent.

Eller kan det vara så att du vill få bättre hälsovanor? Då får du hitta var exakt det brister. Är det maten? Är det den sociala hälsan? Eller den psykiska hälsan? Eller är det den fysiska som brister? Hur kan jag få dessa tre att vara bra enligt vad jag anser att jag behöver för att jag ska må som bäst? När du väl har hittat det, så gäller det att kanske göra något annorlunda, och ibland till och med tvärtom! Lägg märke till att i varenda dålig vana som du vill förbättra till en bättre vana, så börjar det jämt med att **DU GÖR** något åt det. Den enklaste vägen till att förbättra sin hälsa är genom att först kontakta en hälsocoach eller livscoach som inte bara har kunskapen, utan även passionen för att hjälpa andra att uppnå sina hälsomål. Men det är fortfarande DU som bör ta initiativet, och det kostar dig ingenting att göra en hälsokonsultation och få rekommendationer på hur du enklast kan börja bygga grunden för en bättre livsstil.

Hur snabbt vi kan etablera en ny vana beror också på hur stor du anser att utmaningen är. Eftersom vi alla kommer från olika bakgrunder så ser vi ju oftast allt från olika vinklar, beroende på hur långt man har kommit i sin personliga utveckling.

Jag skulle vilja hävda att det finns olika steg i ens personliga utveckling. Vi kan kalla dem för PDS, Personal Development Stages. Det finns tio olika nivåer och jag beskriver dem på följande sätt:

Nivå 1: På denna nivå är många just nu. De vet inte vad de vill, har inga konkreta mål, endast svaga tankar och drömmar som känns som just det: drömmar. Man är inte hundra procent nöjd med vad man har, men man gör heller inget åt det.

Nivå 2: Här lär vi oss att målsättningar har en stor påverkan på våra liv, och att när vi jagar mål känns livet meningsfullt. Vi vet vad vi vill göra, men har svårt att göra det som krävs för att nå dit.

Nivå 3: Detta stadie visar för varje individ att när det väl kommer till att agera så handlar det endast om att bestämma sig. Om man sedan inte har den rätta kunskapen, så gör man vad man kan ändå utifrån det man vet, det är tanken och känslan som räknas. Vi lyssnar på allt och alla, men har svårt att särskilja det som är viktigt från det som är oväsentligt. Man kan säga att på detta stadie jobbar man inte smartare utan hårdare med sig själv.

Nivå 4: Rötterna i våra tankar har hunnit etablera sig djupt i vårt undermedvetna med starka känslor som driver oss fram mot att lära oss mer om hur man kan få en tanke att bli verklighet. Vi har nu skapat längtan efter förbättring.

Nivå 5: Så här långt har vi börjat att jobba smartare, och vi börjar nu acceptera våra brister för att det är det enda sättet vi kan bli starkare på. Vi söker oss till information och svar och blir mer mottagliga för människor som vill vägleda oss. Vi har nu lärt oss att urskilja väsentlig information från vår omgivning. Du vet principerna, du vet receptet, men kan fortfarande inte få ihop alla pusselbitarna.

Nivå 6: På denna nivå växer självet och med det också känslorna och egenskaperna som står bakom det, såsom: självkänsla, självdisciplin, självbehärskning, självacceptans, självbild, självförtroende, självständighet, självinsikt, etcetera.

Nivå 7: På detta stadie vet vi oftast inte bara vad vi vill, utan vi har en konstant längtan som gör det möjligt för oss att kämpa trots alla hinder. Vi ser inte väggar, utan vi ser broar och möjligheter i varje kris.

Nivå 8: Ingredienserna börjar ta form, och pusselbitarna börjar falla på plats. Här märker du att det finns många egenskaper som utvecklas genom tid, som kan bli ännu starkare och i sin tur hjälpa dig att lära dig mer om dem. Du lär dig mer om dig själv och hur du fungerar, både när du är under storm och när du vill förstärka en förmåga och varför den är väsentlig för din utveckling.

Nivå 9: En nypa salt. Du lär dig att kompromissa, kompensera och tänka relativt om dig själv. Du är inte för hård, men samtidigt inte för snäll. Du går nu på en väg som är fylld med oslipade diamanter, och ser endast det goda i alla människor. Inte för att du är blind för deras brister, utan för att du letar efter vad de har som sticker ut och förstärker deras personlighet, då du vet att det finns något att lära sig var man än söker. På denna nivå får du alla att känna sig trygga runt dig, och det känns mer än naturligt för dig att behandla alla andra som att de vore de viktigaste personerna på planeten.

Nivå 10: Receptet för din kontinuerliga personliga utveckling har en stabil grund att stå på. Disciplinen och ihärdigheten är sammanflätade med alla andra goda egenskaper och förmågor som gör det möjligt för dig att utvecklas. Att kunna läsa, lyssna, skriva, lära dig och utforska är egenskaper som du använder dig av dagligen, och att ständigt utmana dig själv och sätta upp nya mål ser du nu som ett måste för att fortsätta att expandera dina förmågor. Det som står bakom dig och ger dig drivkraften till att växa är de djupa känslorna som konstant utvecklas inombords, motiverade av att du ska bli den bästa du kan bli. Här jobbar du med att visa mer tacksamhet, generositet, ödmjukhet, tålamod, och kärlek. Väldigt lite gör dig arg, det är nästan som att du har baddat dig med olja som gör det väldigt svårt för någon eller något att fastna. Det känns som att du bara glider igenom disputer och konflikter. Men i andras ögon så uppfattas du som naturlig men konstig. Naturlig för att dit du är drömmer många om att komma, och konstig för att man inte förstår sig på hur du gjorde allt som krävdes och tog dig igenom alla hinder på vägen dit. Människor vill följa dig vart du än går, och känner sig trygga i din närhet. Det är alltid dig man går till så fort man känner sig nere.

Var befinner du dig just nu?

Alla nivåer baseras på vanor och beteenden. Våra vanor och våra beteenden avslöjar för oss vilka vi är och var vi befinner oss i PDS. Men hur snabbt man kan etablera en ny vana handlar ju endast om oss. Samtidigt visar studier att efter att man repeterat en ny vana i 21 dagar så tenderar den att bli en del av din rutin.

13. Som du sår får du skörda

Så tanke och du får skörda ord, så ord och du får skörda handling, så handling och du får skörda karaktär, så karaktär och du får skörda din framtid, så din framtid och du får skörda ett meningsfullt liv.

Varför är det viktigt? Hittills i boken har du insett kraften som våra tankar har och hur viktigt det är att tänka rätt. Om du tänker rätt så kommer du att även få leva ett meningsfullt liv fyllt med glädje och lösningar på varje problem. Det är inte alltid lätt att upptäcka att man är på fel väg. Det är inte förrän man blir fylld med besvikelser och oönskade resultat som man inser att det inte var det man hade hoppats på. Oftast blir många överraskade och skyller på andra, och omständigheterna. Kom ihåg att du nu vet att omständigheter bara är ett sätt som livet använder för att få dig att växa. Låt inte livet överraska dig, utan lär dig att överraska livet genom att tänka rätt.

Hur kan man tänka? Du väljer helt själv. Men måste man alltid göra alla misstag för att lära sig att tänka rätt? För vissa personer så kommer det här sättet att vara det enda sättet, men oftast brukar man jobba smartare på nivå 8 i PDS, och det är särskilt där man börjar inse att människor som är framför dig har lösningen. Det är som att de har uppfunnit en kraft, en källa av energi som förser dem med oändlig lycka, trots alla hinder och vardagliga bekymmer. Man börjar undra hur det kan vara möjligt att personer som verkar ha allt inte kan vara lyckliga och hur personer som kämpar dag in och dag ut med problem bara utstrålar glädje. En sak är åtminstone viktigare än allt annat och det är att som man bäddar får man ligga, så varför satsa på fasta målsättningar när du istället kan satsa på eviga personegenskaper? Det finns inget fel i att behöva unna sig ibland och fira sina framgångar genom att uppleva nya ställen och göra spännande äventyr. Allt det där är bara något som jag verkligen uppmuntrar dig till. Gör det med dina vänner, gör det själv, gör det med dina barn och även när du blir äldre. Det finns ingen åldersgräns!

Det som kan vara en fälla som många råkar ut för, är att jaga ett mål som man tror kommer att tillfredsställa ens behov av glädje, men när man väl uppnått målet så visar det sig att all tid och kraft som man har lagt för att ta sig dit bara har resulterat i en kort stund av lycka. Kom då ihåg att tillfällig lycka inte är permanent glädje. Det är resan som ska förgylla våra dagar. Det är resan och varje sekund av den som räknas. Lev i livets ögonblick.

Tänk korrekt och välj dina målsättningar rätt. Har du hört talas om den gyllene regeln? Att behandla andra som du själv vill bli behandlad? Ser du sammanträffandet när jag säger att som du sår får du skörda? Eller att som man bäddar får man ligga? Dessa ordspråk har en stor betydelse i våra liv, och det är de som får oss att tänka på hur vi egentligen behöver känna när det gäller livsbeslut. Det finns även en naturlag som backar upp dessa påståenden som heter "the law of cause and effect" och som säger att för varje handling finns alltid en konsekvens, för varje aktion finns alltid en reaktion.

Det sägs även att för att bli framgångsrik så behöver du repetera eller göra som alla andra framgångsrika har gjort.

Definiera först och främst vad det innebär att vara framgångsrik för dig. Undersök verkligen vilka personer som är framgångsrika enligt dig, men inte bara på utsidan, utan även på insidan. Hur mår de verkligen och hur skulle du vilja må? Jag pratar inte om att endast fokusera på vilka ytliga frukter de fått av sin karriär, såsom status, pengar, bilar eller hus. Gräv ännu djupare och verkligen undersök vilka egenskaper de reflekterar. Visst kan man vara fattig och ledsen, men jag vet att många hellre väljer att vara rika och ledsna. Oftast är det som människor gör. Dalai lama kunde inte sagt det bättre: **Människor offrar sin hälsa för att jaga pengar, sedan offrar de sina pengar för hälsan. De lever som att de aldrig ska dö, och dör utan att någonsin ha levt.**

Visst är det inget fel på att jaga materiella mål, men till vilket pris? Vad betyder det för dig att vara framgångsrik om du aldrig varit det? Sikta rätt och markera där du vill komma.

Jaga egenskaper, och pengar kommer aldrig någonsin mer att bli ett bekymmer.

Om vi istället siktar mot att jobba på våra förmågor, de som vi redan utstrålar och de som gömmer sig, men som kan träda fram om vi börjar arbeta med oss själva, så kommer vi inte bara att vara ett steg närmare lyckan vi förtjänar, utan vi kommer även att kunna få frid med våra tankar som i sin tur kommer att hjälpa oss att hitta den viktigaste detaljen: att vi inte är i centrum, centrum är i oss.

Vem du är talar så högt att jag inte kan höra vad du säger. Frukterna som du odlat är det som definierar dig, så vad är frukterna? Jag skulle vilja separera bra frukter från dåliga frukter. En dålig frukt är en sådan som ser jättefin ut på utsidan, den har rätt färg, luktar gott, men insidan är rutten. En utmärkt frukt är en sådan som inte bara ser bra ut, men som också smakar bra och innehåller de viktigaste vitaminerna och mineralerna som din kropp behöver. Efter att du har ätit den så får du ny energi och kraft för att prestera mer.

14. Lär dig att hantera dina känslor, jaget, överjaget och detet

Visst kan det kännas påfrestande när känslorna tar över och du känner att du kommer att explodera vilken sekund som helst? Och hur känns det till exempel när du går runt och bär på tunga känslor? Hur påverkar de oss, hur kan man hantera dem, och hur kan man dra nytta av känslorna?

Om vi konstant skulle agera efter hur vi känner och efter våra impulser så skulle vi vara styrda endast av "detet" som är den del av personligheten som vill ha tillfredsställelse på direkten, oavsett om den givna situationen tillåter det eller inte.

Hur många gånger har du hört citatet "follow your heart"? Ett mycket fint citat, men i väldigt många fall är det missuppfattat. Om vi utgår ifrån att hjärtat representerar våra känslor så skulle vi endast tänka utifrån att tillfredsställa våra begär temporärt och komma till den punkt där vi tror att tillfällig lycka är bättre än permanent eller långvarig glädje. Låt inte detet bestämma över ditt liv, du har kontroll.

Överjaget är den del av din personlighet som resonerar och beräknar om det är lämpligt att utföra en handling beroende på moral och etik eller om omständigheterna tillåter det. Man kan säga att överjaget är din inlärda kunskap om vad som är rätt eller fel: ditt samvete. Hur påverkar överjaget våra känslor? Den kunskap som vi har om vad som är rätt kan påverkar hur vi känner när det blir dags att fatta beslut. Överjaget resonerar två, fyra och till och med tio steg före varje handling, den tänker efter innan själva handlingen, om vi nu har ett utvecklat överjag. Det är det som hjälper oss att till stor del hantera våra känslor, och att fatta rätt beslut när det väl är dags. Ju mer vi tränar vårt överjag, desto mer kommer vi till slut att dominera våra känslor. Om vi inte hanterar våra känslor så kommer livet att lära oss att hantera våra känslor med väldigt djupa sår som konsekvens av att vi lärt oss på det hårda sättet.

Nästa gång du mår dåligt, fråga dig själv varför. Och ställ dig sedan frågan: Hur kan jag göra för att aldrig någonsin behöva må så här igen? När du gjort det så kommer du att påbörja din resa mot förbättring och välmående. Du mår endast dåligt så länge du tillåter detet och överjaget att göra lite som de vill.

Men så fort jaget – alltså du som är mamma till dina personlighetsdrag – säger till på skarpen så kommer du genast att börja må mycket bättre. Jaget är den som kompromissar mellan detet och överjaget.

Känslor är vår starkaste drivkraft. Inga mål blir uppnådda utan att vi först har skapat en känsla för vad det skulle innebära om vi åstadkom målet. Känslor behöver vi dessutom för att börja agera, vare sig det är en negativ eller positiv handling.

Du kan endast börja må bra om du tillåter dig att må bra. Det är ett val precis som allt annat. Oavsett oförutsedda händelser och trots alla omständigheter så är det ett val du gör för dig själv varje dag.

Ett mål med en stark känsla, alltså ett mål som betyder mycket för dig att uppnå, är ett värdigt mål att kämpa för. Känner du att det är värt att längta efter, så är det också värt att kämpa för. Du kan ha rätt inställning och goda avsikter med dina mål för hur du mår, men en svag inställning kan innebära besvikelser och misslyckanden.

Självaffirmation att använda när du vaknar: "Idag ska bli den hittills bästa dagen i mitt liv."

Hur förstärker du din inställning och dina förhoppningar om att idag ska bli den bästa dagen i ditt liv? Genom att ta på dig vad jag vill kalla för "smördräkten". Vad är smördräkten? Föreställ dig nu att du har satt igång knappen på rätt positiv inställning idag, men plötslig så går inte saker som du planerat eller vill: någon negativ person kommer med kritik om varför den ogillar dig så mycket, någon på jobbet kan ha tittat på dig iskallt eller någon kan ha kallat dig något fult på sociala medier eller allmänt kritiserat dig. Om din inställning inte har rätt utrustning så kommer den lätt att fallera genom att bli negativ och destruktiv för att du tar åt dig av vad dessa personer har att säga, trots att du inte vill. Utrusta dig då med smördräkten. Smördräkten är det som ser till att ord och handlingar från andra negativa individer inte fastnar hos dig, de glider endast förbi.

Deras ord, kritik och negativa resonemang är du endast immun mot om din dräkt sitter på. Den gör att du kan behålla en positiv inställning och fortsätta göra den dagen till den bästa i ditt liv.

Ännu bättre är att ta med "första hjälpen-lådan" eller "förbandslådan" var man än går. Denna låda är den som ser till att du inte bara förblir immun mot negativiteten runt om dig, den hjälper dig även att agera och förstärka din plan om att göra denna dag till den bästa dagen. Det görs genom att du till och med är villig att hjälpa de som behandlat dig illa eller sagt något dumt om dig. Visst kan det vara lätt och naturligt att argumentera och försvara sig mot deras ihåliga argument? Men här har du något ännu bättre: nästa gång du får chansen, gör något snällt och ärligt för den person som behandlat dig illa. Och vill du se förändringar hos honom eller henne så får du se till att du är konsekvent och äkta i dina handlingar för den personens bästa. Du kommer att märka rätt så snabbt att en förändring börjar växa fram hos den negativa personen och till slut kommer det att vara du som smittat av dig med din kärlek och din positiva energi. För kom ihåg att kärlek överträffar allt.

15. Kärlek överträffar allt

Vad är kärlek? Min favoritbeskrivning hittar vi i Första Korinthierbrevet 13:4–7: "Kärleken är tålmodig och omtänksam. Kärleken är inte svartsjuk, den skryter inte, blir inte uppblåst, bär sig inte oanständigt åt, söker inte sina egna intressen, blir inte uppretad. Den för inte räkenskap över oförrätten. Den gläder sig inte över orättfärdigheten, men den gläder sig med sanningen. Den fördrar allting, tror allting, hoppas allting, uthärdar allting. Kärleken upphör aldrig."

Kärleken kommer i olika former, men den typ av kärlek som vi ska prata om här är den som gynnar din personliga utveckling och den heter "agape", och det är den starka kärlek som människor kan reflektera mot andra även om man inte känner varandra.

Med kärlek i våra liv så kan vi åstadkomma vad som helst. En äkta kärleksfull inställning som sprider glädje och energi kan endast återfå kärleksfyllda resultat i längden. Kom ihåg talesättet *"what goes around, comes around"*. Men hur kan man sprida äkta kärlek?

En princip att använda är att om man inte har kärlek till sig själv så blir det svårt att sprida kärlek, och om du har begränsad kärlek till dig själv så kommer du inte att kunna älska andra fullt ut.

Lär dig att älska dig själv obegränsat trots dina brister, trots dina misstag. Sluta fastna och deppa ner för det negativa som du gjort eller för vad du kan ha orsakat, vare sig om det handlar om olycka hos någon annan eller missnöje. Lär dig att förlåta dig själv och gå vidare genom att börja älska dig själv mer och mer. Alla dessa praktiska tips – som att förlåta dig själv, älska dig själv, se förbi dina brister, fokusera på dina unika egenskaper – kommer till slut att ge dig styrkan du behöver för att kunna smitta av dig med kärlek och se människors goda egenskaper och intentioner istället för deras brister. När du känner dig missnöjd eller misslyckad, fråga dig själv: Vilka saker gjorde jag bra, och vad kan jag göra bättre? Om du tänker istället, som de flesta fattiga människor tänker: "Vad gjorde jag dåligt?" och "jag ska aldrig testa igen", så dödar DU och ingen annan allt hopp om förbättring och utveckling.

Så att kunna älska sig själv obegränsat och ovillkorligt är det första steget mot att kunna sprida äkta kärlek. Viktigt: Blanda inte ihop kärlek med för mycket stolthet, för det är som att trampa på med fötterna det man byggt upp med händerna.

Stolthet kan leda till fåfänga och fåfänga kan förstöra bron som håller ihop den kärleken du jobbat så hårt med för att sprida.

Man kan även utveckla en brinnande passion och kärlek för sina mål och drömmar i livet. Om du gör det så kommer du inte att kunna nöja dig förrän du uppnått den kärlek du förtjänar, vilket är bra, för då sätter du igång hjärnan med frågor som: Hur kan jag uppnå mina drömmar?

Älskar du dina mål och drömmar så har du ett oerhört starkt och stabilt motiv till att lyckas att uppnå dem. Du har då inte bara hopp, utan du har även tro och en varm och trygg säkerhet i hjärtat om att det redan har hänt. Du föreställer dig hur det kommer att kännas, vilket gör att du hämtar känslorna från framtiden till nutiden. Nu njuter du av nuet endast med tanken, känslan, säkerheten och den gyllene rofyllda känslan av att du har lärt dig att älska det du gör för att göra det du älskar i både nutid och framtid.

Kan du förstå nu vad vi menar när vi säger att kärleken överkommer allt? En positiv inställning är bra, men en kärleksfull inställning mot andra, precis som mot dig själv, är ännu bättre. Med kärlek i din själ kan du uppnå dina drömmar, leva fullt ut, finna ro, må bra, ständigt utvecklas, se ljuset i mörkret, komma ur depression snabbare, se gott hos alla, vara fördomsfri, och så vidare. Listan är längre och kan bara bli längre.

"Älska din nästa som dig själv" (Matteus evangeliet 22:39) är ett väldigt känt citat. Men kan man fråga sig varför? Hur?

Vid den här punkten i boken har du förstått innebörden och kraften som finns hos den gyllene regeln – att behandla andra som man själv vill bli behandlad – eftersom vad du sprider kommer förr eller senare tillbaka till dig. Det går alltså nästan inte att vara partisk och bara behandla vissa på ett speciellt sätt och andra på ett annat. Det vore att vara oäkta och det borde få det att klia i ditt samvete.

När du behandlar dina medmänniskor med äkta kärlek genom att vara opartisk, så kommer du genast att börja ta hänsyn till deras fina egenskaper och din optimism mot livet, och dina mål och drömmar kommer att höjas till en helt annan nivå. Den kärleken kommer att studsa tillbaka till dig snabbare än du kan se det, och du kommer att vara på den rätta vägen mot att vara lycklig, oavsett vilket mål du än uppnår. Kom ihåg: Många jagar luft, och många jagar sandkorn, men i slutändan är det de jagar känslan av tillfällig lycka som man får efter man fått det man så intensivt jagat. Tillfällig lycka är inte permanent glädje.

Det sägs att människan är som lyckligast när den är på väg mot ett mål. Alltså, oavsett om det är sandkorn eller luft du jagar så finns din ständiga lycka under resorna och vägarna som tar dig mot ditt mål. Den finns där hela tiden, men är du villig att se den?

Life is not a destination, it's a journey. Make it the best journey of your life!

Kärlek i livet överträffar bekymmer under livet.

Kärlek till dina mål överträffar dina drömmar.

Kärlek till dig själv överträffar dina brister.

Kärlek till andra överträffar deras brister.

Kärlek i dina förhållanden överträffar motgångar.

Kärlek till världen överträffar dig själv.

Ett mål som är värt att ha, är ett mål som är värt att kämpa för.

16. Nio hälsosamma vanor för ett lyckligare liv

1. Planering. Det har en stor påverkan på din resa mot ett nytt mål om du innan du börjar sätter dig ner och listar vilka motgångar som kan uppstå på vägen och redan nu hittar lösningar på dem. Och låt oss vara realistiska: ingen väg är fri från hinder, och det kommer med all säkerhet nästan alltid att dyka upp saker på vägen som man inte hade räknat med. Men du kan ta på dig vinnarnas glasögon och se vad de ser, vilket är snabba och långsiktiga lösningar som inte gör att de tappar fokus från slutdestinationen. Så sätt upp mål. Börja med dina största drömmar, dina livsmål, och dela sedan upp dem i mindre delmål. Jobba med dina mål varje kväll när du skriver ner nästa dags att-göra-lista och även varje vecka när du skriver ner veckans att-göralista. Arbeta också med en virtuell kalender och revidera din kalender eller gör om kalendern var tredje månad eller varje årstid.

2. Att vara spontan. Varför vara spontan om du varje sekund oroar dig för, mat, hus, ekonomi, framtid, jobb, problem, stress eller att tiden inte räcker till? Vill du vara spontan fullt ut så får du jobba mycket mer med planering och göra planering till en vana så att det känns naturligt. Men glöm inte en nypa av spontanitet lite då och då.

3. Inställning. Låt inte livet överraska dig. Var beredd på det värsta som kan hända, men ha en stark tro på att bra saker kommer att hända och förvänta dig ständigt det bästa ur det värsta. Bara du kan välja att redan idag fundera på hur du kommer att se på överraskningar från och med nu. Ska du låta risker och rädslan över att något oförutsägbart kan hända stoppa dig? Eller ska du börja välja hur du ser på saker och ting? Ska du låta andra människors negativitet släcka din positiva energi? Din inställning till ditt liv avgör vilket slags liv du lever idag och vilket liv du kommer att forsätta leva om du inte ändrar på den. Fokusera på goda egenskaper istället för

58

brister, tänk att människor är omedvetna just i stunden när de agerar illa mot dig. Tänk på att de kanske har en jobbig dag och att det är mänskligt och kan hända alla, även dig, men låt det inte dra ner din stämning. Och kom ihåg: Om du inte kan lyfta upp människorna runt dig, låt dem för guds skull inte dra ner dig.

4. Att vara tacksam. När du är tacksam finns det ingen plats för rädsla och problem. Det är när du är tacksam som du motarbetar din negativa inställning och omvandlar den till positiv energi. Att vara tacksam för din hälsa, din familj, ditt liv, dina egenskaper, dina bekymmer, dina lösningar – allt som du kan tänka dig i ditt liv just nu – är en ovärderlig egenskap. Vad tittar du mest på? Det negativa eller det positiva i ditt liv? Visst handlar det om perspektiv? Vad ser du runt omkring som är positivt och vad är negativt? Allt handlar om att konstant förändra ditt sätt att se på saker och ting. Kan du så föreslår jag att du börjar omvandla negativt till positivt i ditt liv. Dina bekymmer som du har idag bör du vara tacksam för och uppskatta. För utan dem så hade du inte kunnat utvecklas och vara mer kapabel till att hantera större bekymmer och motgångar i framtiden. Var tacksam varje dag, så ofta du kan. Säg tack till dig själv, för dig själv, säg det högt, tacka allt och alla som du träffar. Testa!

5. Att agera och inte skjuta upp saker. Din framtid är inte nu, men det är nu som du kan skapa din framtid, och det som har hänt har hänt och kommer alltid att fortsätta hända om du inte påbörjar en förändring just nu. En liten förändring är det som krävs för att börja, något litet men konsekvent och återkommande kommer att göra en stor skillnad i längden. Det gäller att vara disciplinerad i det man gör när man gör det, och att hitta disciplinen till att inte skjuta upp saker, utan istället agera direkt.

6. Ett hälsosamt tankesätt.

Det naturligaste är väl att gång på gång bli påmind om varför du vill förändras. Alltså att ofta föreställa sig hur det skulle kännas om allting vore som du tänkt dig. En variant på en naturlig förstärkare är till exempel din omgivning, miljön och hur du trivs med ditt nuvarande arbete.

7. Självkontroll. Du kan endast börja må bra om du tillåter dig att må bra. Det är ett val precis som allt annat. Oavsett oförutsedda händelser och trots alla omständigheter så är det ett val du gör för dig själv varje dag. Låt inte dina känslor bestämma vart du är på väg hela tiden, gör tvärtom. HANDLA entusiastiskt för att vara entusiastisk, HANDLA kärleksfullt om du vill vara kärleksfylld. Självkontroll handlar om den disciplin som du behöver ha för att göra något just nu, det som gynnar dig i längden trots att jaget vill något annat.

8. Att älska sig själv. Lär dig att älska dig själv obegränsat trots dina brister, trots dina misstag. Sluta fastna och deppa ner för det negativa som du gör eller för vad du kan ha orsakat, vare sig det handlar om olycka hos någon annan eller missnöje. Lär dig att förlåta dig själv och gå vidare genom att börja älska dig själv mer och mer. Alla dessa praktiska tips – som att förlåta dig själv, älska dig själv, se förbi dina brister, fokusera på dina unika egenskaper – kommer till slut att ge dig styrkan du behöver för att kunna smitta av dig med kärlek och se människors goda egenskaper och intentioner istället för deras brister. När du känner dig missnöjd eller misslyckad, fråga dig själv: Vilka saker gjorde jag bra, och vad kan jag göra bättre? Om du tänker annorlunda än så är det som att du intalar dig: "Vad gjorde jag dåligt?" och "Jag ska aldrig testa igen." Det innebär att du dödar allt hopp om förbättring och utveckling istället för att ge det liv.

9. Relationer – intressant eller intresserad? Alla punkter är viktiga men jag har sparat den bästa till sist. Vi människor har en tendens att tycka om personer som är intressanta, men vi dras alltid mer till och känner oss mer bekväma med personer som är genuint intresserade av oss, för de får oss att känna oss uppskattade och viktiga. Testa att alltid börja en konversation med: "Hej, hur är läget?" Och om personen sänder tillbaka frågan, svara alltid med: "Jag mår nästan perfekt! Vill du veta varför?" Så startar du din nya kontakt. Nu gäller det att behandla denna person som världens viktigaste person. Varför? För att när du gör det så kommer du att börja vara mer intresserad än intressant och det är dit vi vill komma med varje relation vi påbörjar.

Vi har fått två öron och en mun av en anledning, och det är för att lyssna mer än vi pratar. Genom att bemästra konsten att lyssna och inte bara höra så kommer du genast att sticka ut från allmänheten som någon man gärna vill prata med och ha en relation med.

När du lyssnar så använder du inte bara din hörsel, utan du visar det även genom dina ansiktsuttryck och ditt kroppsspråk. Är du en erfaren lyssnare så upprepar du vad du uppfattade med dina egna ord. Det ger sändaren en bekräftelse på att du lyssnar. Ett annat sätt att visa att du är en genuint intresserad person är genom att komma ihåg personens namn. Ett tips för att komma ihåg är att efter du fått namnet och du gett ditt, upprepa då deras namn igen som en fråga för att bekräfta att du hörde rätt.

Glöm inte att le. Man får aldrig underskatta kraften som kommer från ett leende. Ett leende öppnar stängda dörrar.

Viktigt: Komplimanger, beröm och positivitet uppskattas alltid! Ska du lyfta upp någon, se då till att du gör det helhjärtat och att det är äkta. Ett exempel kan vara att backa upp din komplimang med en anledning och inte bara säga: "vilka fina skor du har", utan om det är någon speciell detalj med skorna som gör att de sticker ut så påpeka gärna det. Till exempel så här: "Vilka fina skor du har! Jag älskar speciellt att den vita sulan får skorna att sticka ut mer och matchar ditt vita bälte."

Sedan så är det lättare för relationen och kemin i konversationen att flöda om ni hittar något som ni har gemensamt att prata om. Då blir det mer naturligt och ni bägge kan slappna av ännu mer. För att hitta gemenskap så måste du så klart fråga, fråga och fråga. Vi tänker undermedvetet att om vi har något gemensamt med en person, så måste den vara trevlig, eftersom vi själva är trevliga.

Frågor. Konsten att ställa frågor är också något som uppskattas väldigt mycket. Vi alla älskar att prata om oss själva, därför tycker vi om när människor vill veta vad vi har att säga. Det får oss att vilja berätta mer och öppna upp oss. Dock finns det olika typer av frågor, och det brukar för det mesta också finnas en oskriven regel för vad som är okej och vad som inte är okej. Småprat med syfte att hitta en gemenskap med den du pratar med öppnar ofta vägen för ett flöde av spontanitet och naturliga konversationer. Vill du komma närmare en person, se då till att du ställer mer öppna frågor än stängda frågor, och vill du komma ännu närmare någon, se då till att du ger dem lagom tid innan du ställer personliga frågor som avslöjar vad som finns i hjärtat.

Det finns en enda regel: Var aldrig bara den som pratar, eller den som ställer frågor. Annars blir det bara antingen en väldigt lång roman om dig själv eller en väldigt obekväm intervju av den andra. Tipset här är att försöka ställa samma fråga tillbaka efter att du svarat på den så att konversationen flyter på naturligt. Och humor är alltid välkommet och mer än uppskattat!

För att leda konversationen och få din framtida kontakt att känna sig trygg med dig, se då till att du alltid är lite mer den som lyssnar än den som pratar. Den dynamiken skapar du genom att vara den som leder konversationen. Bästa sättet att göra det på är genom att ställa öppna frågor istället för ja/nej-frågor.

Vattna dina kontakter. En blomma behöver vatten regelbundet för att växa och bli vacker. Och samma sak behöver våra relationer för att växa. Kom ihåg att när något inte växer så krymper det. Det finns inget mellanläge eller neutralt läge.

Att testa:

- Påbörja en ny konversation med någon du inte känner på flygplanet nästa gång du reser.

- Inled en konversation med någon ny på ett kafé eller på gymmet.

- Gå till något event, fest, eller seminarium där du skaffar minst 10 nya kontakter.

I sin bok "How to Win Friends and Influence People" av Dale Carnegie, utvecklar han ännu fler praktiska tips på vad, och hur man skapar ett bredare nätverk genom att visa ett genuint intresse för människor.

IV. Mediokra val och kloka val

17. Vi har alltid ett val

Det har sagts att människan, till skillnad från djur som bara reagerar utifrån instinkt, är den enda varelse som har fått en gudalik kraft att kunna bestämma och skapa vad den vill och dessutom känna glädje över det.

Den fria viljan. Det innebär att du i varje sekund som går får välja vad du vill tänka på, vart du vill gå, vad du vill göra, vad du vill ha, vem du ska vara, vad som är mycket pengar och vad är för lite pengar. Den fria viljan är en kraft, en makt, och som med all makt kan den användas för att skapa både gott och ont. Människor som väljer fel vägar får oftast uppleva ett flertal besvikelser som konsekvens, men innebär det att man är på fel väg? Ja och nej. Jag skulle vilja hävda att du kan vara på fel väg men på väg åt rätt håll. Men endast ett fåtal kan inse det. Det innebär att om du är positiv, förväntansfull och optimistiskt inställd till dina misstag så kommer du att till slut lära dig från dem, bli bättre och starkare så du kan vara på fel väg men ändå på väg åt rätt håll. Så på så sätt kan vi alla känna igen oss i det påståendet, för visst har vi alla varit där någon gång? Du är endast på fel väg om du har en negativ inställning och om du väljer att fortsätta att ha det.

Du har ett val varje dag som går: välj rätt. Och vet du inte vilken väg du bör ta så bör du börja med att definiera vad som är väsentligt för dig att uppnå i ditt liv. När du har målet eller drömmen framför dig så gäller det att börja söka information om både nackdelar och fördelar som människor innan dig har upplevt vid jakten efter samma målsättning.

Det är så enkelt! Deras misstag står på papper, det är som ett facit till det där provet som du inte pluggade till, enda skillnaden är att det endast är du själv som sätter betyget. Så det gäller att börja agera direkt, för allt står skrivet. Har du ett mål som ingen annan har uppnått? Googla på det, och var modig för nu har du chansen och möjligheten att vara den första som uppnår det. Ännu bättre: du har nu möjligheten att hjälpa andra att uppnå samma mål genom att inspirera, motivera och skriva ner facit. Gör det för mänsklighetens skull, gör det för din familjs skull, gör det av ren kärlek. Det är det enda sättet du kan dö på och låta din kärlek leva kvar i världen. Kan du föreställa dig hur det kommer att kännas att dö med ett hjärta fyllt med kärlek, ro, lycka – men framför allt: ett leende på läpparna för att du gett så mycket tillbaka, för att du hjälpte så många i livet att göra och fatta rätt beslut? Det finns så många människor du kan hjälpa genom att bara visa kärlek konstant. Om personer vill åstadkomma dina målsättningar och du visar dem vägen till hur man kan göra det på det bästa sättet, hur skulle det få dig att må när du väl slocknar i graven? Jag vill påstå att det är den sorligaste – men samtidigt den vackraste – känslan man någonsin kommer att uppleva. Alla känslorna blandade på samma gång, den ultimata klimaxen.

Valet är ditt, oavsett vilka omständigheter du lever i. Har du vad läkarna har bestämt är psykiska problem? Valet är fortfarande ditt. Din "psykiska ohälsa" är din omständighet, men inga omständigheter stoppar dig så länge du inte börjar tro att de gör det.

Det var en gång en man som jag inte kommer att säga namnet på. Hans namn är Leslie Calvin Brown. Den här mannen kom från en stor familj och han och hans tvillingbror togs om hand av en mycket snäll kvinna som inte hade mycket, bara all kärlek hon kunde ge dem och resten av adoptivbarnen som hon hade.

En dag i skolan sa läraren till den här pojken att lösa ett problem på tavlan, men då började eleverna skratta åt honom. Någon skrek: "Det där är CP-tvillingen!"

Då tittade pojken på läraren och sa: "Det är sant, jag är diagnostiserad som utvecklingsstörd." Och då kollade läraren pojken rakt i ögonen och svarade: "Säg aldrig någonsin sådär igen. Någons åsikt om dig behöver inte bli din verklighet." Idag är Les Brown en av de mest igenkända personerna inom sitt område. Han är en av de bästa motivationstalare och har inspirerat miljontals människor att förändra sina liv genom den inverkan han har på dem när han talar.

Så när du har ett hinder, tänk på att inte ens en läkares åsikt behöver bli din verklighet. Läkare – som alla andra – begår också misstag. Ingen är perfekt.

Det är ditt liv och ditt val. Välj rätt inställning.

18. Det finns många konsekvenser

Konsekvenser behöver inte nödvändigtvis vara något dåligt, med det är så många uppfattar det. Med ordet konsekvens menas något som är en orsak eller en effekt av en handling.

Därför är det viktigt att du tänker på konsekvenserna alltså fördelarna och nackdelarna med ditt mål eller din dröm, för när du gör det kommer du verkligen att kunna bestämma dig till hundra procent om det är värt att betala priset för det.

Här är en kort lista på vad du går miste om när du inte jagar dina mål eller drömmar: personlighetsförbättring, tillfredsställelse, glädje, utvecklingsmöjligheter, med mer.

Vad finns på vägen? Livet händer oss allihop, så alla slag och hinder som livet ger oss är oundvikliga. Bestämmer du dig för att växa som person genom att själv sätta upp nya mål så kommer det att dyka upp hinder, ingen väg är helt fri från dem. Det här gäller även du som har nöjt dig med vad du fått. Det innebär att du alltid måste kämpa för den lycka du har, eller vill ha, för så fort du slutar göra det så kommer den lyckan att börja fallera automatiskt.

Det förekommer oftast nedgångar och motorstopp, och det är okej om du ramlar, men som Les Brown säger: "Se till att du fortfarande kan titta upp, för om du kan det så kan du fortfarande resa dig upp!" var istället en boll som studsar tillbaka ännu hårdare ju hårdare du slår ner.

"Ibland måste vi nå botten, för att studsa upp till toppen."

Eller som jag själv brukar säga: Vill du hoppa över hindret, se då till att du tar tillräckligt med sats. Det är som ett flygplan som ska lyfta: utan rätt banlängd kommer det inte att lyfta, men lustigt nog så lyfter den trots motvind. Intressant är att det sägs att ett flygplan behöver vind för att det ska vara kapabelt att lyfta. Motvind, medvind, bara vind – kalla det vad du vill – men det är något som behövs i alla lägen. Ditt sätt att se på hindret är det enda som spelar roll.

Konsekvenser av dina handlingar är ett sätt för livet att visa dig resultatet av din handling. Kom ihåg vad William Shakespeare en gång sa: **"There is nothing either good or bad, but thinking makes it so."** Du kan välja att se konsekvensen som en bra sak, en lärdom, något som gör dig starkare och vassare på att hantera fler konsekvenser längre fram.

Föreställ dig att du ska fatta ett stort beslut om en bilinvestering som du jättegärna vill göra. Du har till slut bestämt dig och avtalet för leasingen är nu signerat. Några veckor senare händer det något oförutsägbart: chefen behöver reducera personalen, vilket resulterar i att du får gå ner i timmar, vilket gör att du inte längre har råd att betala av investeringen. Du kontaktar försäljaren och den påpekar att investeringen inte är återbetalningsbar, vilket också står i avtalet, allt stod med där från början. Vad kan du göra? Något liknande hände en av mina bästa vänner. Han hade startat eget, tagit lån, sagt upp sig, och till och med skrivit på ett leasingavtal på två år. Företaget gick inte som planerat och han stod nu med utgifter på över 14 000 kronor utan några som helst intäkter, och dessutom hade han spenderat sina låneresurser.

Hur hade du känt dig? Hur hade du mått? Tänk om du hade barn och en familj att ta hand om? Kronofogden ringer och räntan på dina obetalda fakturor stiger något så oerhört dramatisk varje månad. Min bästa vän som endast var 21 år vid det tillfället, gjorde precis som en vuxen person på nivå 7 på PDS-tabellen skulle gjort. (Mer om PDS-tabellen finner du i kapitel tre under rubriken "Hur snabbt kan vi etablera en ny vana".)

Han började genast att leta efter ett jobb, och samtal gjordes dagligen. Efter mindre än en månad så började han arbeta igen, dock fick han sparken medan han var ledig, men lustigt nog fick han jobb igen på ett annat företag dagen därpå. Denna kille är precis som du, en människa. Kan han, så kan du. Efter att han var klar med sitt jobbsökande så hade han fått tre olika jobb varav två av dessa var heltidstjänster och en deltidstjänst, detta då för att visionen om att göra en comeback innefattade att han ville bli av med sina skulder under ett år och bli framgångsrik. Tror du att hans drivkraft kommer att sluta ge honom bränsle för att kriga sig igenom livet? Hur stort vill du lyckas?

Denna berättelse ska få dig att förstå att du har konsekvenser oavsett vad det är för val du än tar i livet. Riskerna finns alltid där. Vågar du inte ta risker kommer du inte att kunna leva fullt ut. Men när du tar risker, se då till att du i förväg är beredd att betala priset för det du ska köpa. Gör det genom att tänka positivt och inse att hinder inte nödvändigtvis behöver innebära stopp. Du är begränsad endast när du börjar intala dig det.

Barn och familj ska motivera dig att aldrig mer behöva jobba för pengar utan att låta pengar jobba för dig, eftersom frihet är viktigare än trygghet.

Det finns många dåliga konsekvenser för den som aldrig lär sig denna grundläggande princip om pengar. De människorna kan gå runt under en helt livstid och tro att deras liv endast handlar om pengar. De kan gå livet ut och jobba för en illusion och på det sättet låta hela sitt liv kretsa runt den illusionen.

Ju mer tiden går, desto mer försvinner den fysiska valutan och det är väldigt sällan man har kontanter nuförtiden. Kan du komma ihåg när du senast rörde vid kontanter?

Pengar är en illusion och fina prylar är som gift för den som inte kan hantera sina känslor och inte ständigt jobbar med att förbättra sina egenskaper. Om du inte kan spara pengar, återinvestera dem eller framför allt följa den grundläggande principen om att alltid betala dig själv först, så kommer du att fastna i något som kallas "the rat race".

Oavsett vad det är för idé du har, eller vilken väg du väljer för att bli rik, så kom ihåg att du endast kan bli rik på riktigt om du ändrar din inställning från en fattig persons perspektiv till en rik persons perspektiv. Nu kanske du sitter och tänker: "Men rika människor är bara giriga, rika människor har kontakter, rika människor har resurserna, rika människor får glida på bananskal, rika människor är falska och älskar endast pengar och sig själva." STOPP!

Om ditt perspektiv av en rik person är fyllt med negativitet så kommer det inte att motivera dig alls. Det sägs att pengar är grundorsaken till allt ont, men det där är bara en myt. KÄRLEKEN TILL PENGAR är orsaken till många olyckliga scenarion. Den förstör familjer. Och människor som älskar pengar kan till och med vara villiga att smutsa ner sina händer för att få tag i det. Se bara till att du inte blir kär.

Det som karakteriserar rika människor är en blandning av lite kunskap om pengar och ett stort behov av att hjälpa andra genom att hjälpa sig själva att bli bättre medmänniskor. Hur man jobbar för dem, hur man får pengar att jobba för en, hur man investerar och delar på riskerna, och sedan hur man behåller och betalar sig själv först är också sådant som definierar en rik person. Men låt oss vara ärliga: Vem jobbar du egentligen för? Alla människor jobbar för sig själva, och har eget företag med sig själva, och ju snabbare du börjar inse den principen, desto fortare kommer du att förstå att pengar endast är en illusion.

Rika människor på riktigt är människor som är på nivå 10 av PDS-tabellen som säger att receptet för din kontinuerliga personliga utveckling är att man har en stabil grund att stå på, och att disciplinen och ihärdigheten är sammanflätade med alla andra goda egenskaper och förmågor som gör det möjligt för dig att utvecklas. Att kunna läsa, lyssna, skriva, lära dig och utforska är egenskaper som du använder dig av dagligen, och att ständigt utmana dig själv och sätta upp nya mål ser du nu som ett måste för att fortsätta att expandera dina förmågor. Det som står bakom dig och ger dig drivkraften till att växa är de djupa känslorna som konstant utvecklas inombords, motiverade av att du ska bli den bästa du kan bli. Här jobbar du med att visa mer tacksamhet, generositet, ödmjukhet, tålamod, och kärlek. Väldigt lite gör dig arg, det är nästan som att du har baddat dig med olja som gör det väldigt svårt för någon eller något att fastna. Det känns som att du bara glider igenom dispyter och konflikter. Men i andras ögon så uppfattas du som naturlig men konstig. Naturlig för att dit du är drömmer många om att komma, och konstig för att man inte förstår sig på hur du gjorde allt som krävdes och tog dig igenom alla hinder på vägen dit. Människor vill följa dig vart du än går, och känner sig trygga i din närhet. Det är alltid dig man går till så fort man känner sig nere.

19. Lär dig av dina misstag

Enkelt? Det kanske låter enkelt, men det är extremt svårt för vissa att lära sig från sina misstag. Ett exempel som de flesta har varit med om är olyckliga och destruktiva förhållanden.

Hur kommer det sig att det oftast tar flera förhållanden innan man vet vad man egentligen behöver eller letar efter? Vi människor har en tendens att följa våra känslor innan vi följer våra tankar. Det resulterar oftast i impulsiva beslut som gör att vi inte kan hantera besvikelserna som medföljer. Att lära sig av sina misstag är oftast lättare sagt än gjort. Hur många misstag behöver man göra för att äntligen inse och förstå vad livet vill lära en? Så många det behövs, eftersom det handlar om ditt liv och det är lyckan i det som står på spel.

Misstag är bra så länge du lär dig av dem, men kan du undvika vissa misstag så effektiviserar du tiden du har. Att lära sig från misstag är en process. För vissa kan det ta flera år innan man ens upptäcker att ens personlighet brister och att det i sin tur orsakar misstag. Behöver du fortsätta begå samma misstag om och om igen? Ställ dig själv den frågan och gör en självanalys: Kan jag börja identifiera mina misstag så att jag kan lära mig från dem? Eller ska jag slösa den dyrbara tiden jag har?

När man vet att något är fel och ändå fortsätter, så handlar det inte längre om misstag. Då är det ett medvetet val som vi alla har kontroll över innan vi begår. Vi vet konsekvenserna och riskerna det valet kan medföra och inser då alltså att det handlar om en dålig vana och inget annat.

Det fanns en man som en gång i tiden ville sluta att röka, så han gick till specialister för att få hjälp. Vad han än försökte med så misslyckades han, inte för att deras metoder inte fungerade, utan för att han ville men i slutändan var inte bestämd nog. För en person som är bestämd, den personen kommer att lyckas. Han var en sådan person som kunde vakna upp mitt på natten och åka 30 minuter till närmaste Circle K och 30 minuter tillbaka, bara för att köpa ett ciggpaket. Det var så illa att han fick ett dåligt rykte av specialisterna och ingen ville längre hjälpa honom. Han frågade varför. En specialist svarade: "Vi har försökt så pass länge och du har fortfarande inte bestämt dig. Det här innebär att min verksamhet får ett dåligt rykte på grund av dig, så jag är ledsen, men jag kan inte längre hjälpa dig. Det enda jag vill att du gör är att nästa gång du ska tända en cigarett, så frågar du dig: Är det värt det?"

En natt precis som alla andra nätter vaknade han mitt i natten utan cigaretter, tog på sig kläderna, satte sig i sin bil och åkte hela vägen igen för att handla cigaretter. Men det var något speciellt med den här natten. När han skulle tända sin cigg så tittade han på den länge och sa: "Det är inte värt det ..." Och sen dess är han äntligen rökfri.

Vad jag vill försöka påpeka med denna berättelse är skillnaden mellan att begå misstag och att utföra en handling som du medvetet vet är en dålig vana. Hur vet du att något – litet som stort – kan bli ett misstag? Det är genom att hålla inne jaget och dina impulskänslor med hjälp av överjaget tillsammans med självbehärskningen och börja använda din kapacitet till att resonera innan du agerar. Kom ihåg att de som vet och läser, oftast får bäst resultat på testen. Däremot kan man ju inte bortse helt från de få personer som begår misstag men inte ger upp. Dessa personer bygger omedvetet upp sin ihärdighet och disciplin som är bland de viktigaste ingredienserna för att lyckas ta sig mot det liv man egentligen förtjänar. Bygger du inte en bra grund till dessa egenskaper hos dig, så kommer information i slutändan inte ha någon påverkan på ditt beteende. Varför? Det är på grund av att information får oss att agera på riktigt, men inte förrän den sitter fast djupt i vårt undermedvetna kan vi använda den till vår maximala potential.

Konsten att lära sig från sina misstag är ingenting man föds med. Precis som med alla andra egenskaper är det något vi själva är ansvariga för att förbättra och finslipa. Vårt undermedvetna behöver tid och träning för att förstå hur viktigt det är för dig att förändra en vana. Samtidigt så har vi den där medvetna och envisa sidan som inte ger sig, trots att alla andra misslyckas. Och missförstå mig inte: Den sidan är superviktig! Det är den sidan som sätter balansen, utan den sidan hade vi människor inte varit kapabla att utveckla oss. Var då medveten och villig att betala priset för vad det kan kosta dig att vara envis, se då till att du överväger fördelarna och nackdelarna med det du vill vara envis om.

Man hör ofta frasen: "Om du inte testar så vet du egentligen inte hur det är." Den kommer oftast från grupptryck och från säljare. Men den kan också komma från familjen som älskar dig och från rådgivare. Den är i grund och botten en motivationsfras med syfte att motivera någon till att agera och genomföra en handling. Det är en maktfras, och som med all makt kan den användas till både gott och ont. Det är upp till dig att överväga både nackdelarna och fördelarna. När du gjort det kommer du att kunna bestämma om det är värt att betala priset för det.

Så vi har nu sammanställt vad misstag är i jämförelse med dåliga vanor. När misstag blir vanor så blir det svårare att växa och lära sig ifrån dem, eftersom man levt i en självvald sanning som till slut resulterar i många besvikelser.

Konsten att lära sig av sina misstag innebär att en person är så pass mogen och självsäker att den vågar erkänna och acceptera sina misstag och jobba med sina brister för en förbättrad utveckling. När du lär dig från dem så växer du som person och blir starkare, du hoppar upp på nivå 5 på PDS-skalan. Det är något som är svårt, men har du ett positivt tänkande kring att dina misstag faktiskt fick dig att reagera och att inse att något behövde göras, så kommer du till slut att till och med vara tacksam för misstagen. Om du lär dig av dina misstag varje dag så kommer du till slut att börja ställa in ditt undermedvetna på att automatisk tänka innan du reagerar på en impulshandling. Du kommer att till slut börja kontrollera dina känslor och tänka två gånger innan du öppnar munnen och säger något som du kanske inte menade när du till exempel hamnar i diskussion med någon du tycker om eller någon du inte tycker om.

Jag kommer ihåg när jag var liten och lite av en rebell. Min morfar försökte tala med mig, men jag var så arg och vägrade att lyssna och tyckte att det var fruktansvärt att sitta där och behöva bli uppläxad för något som i mina ögon var oskyldig för. Han tittade rakt på mig, och det var första gången, men inte den sista som han sa: "Med den attityden kommer du inte att komma någonvart." Om du inte lär dig av dina misstag så kommer du leva ett liv som du förtjänar. Vill du leva ett annat liv så får du först börja med att ändra på attityden som påminner om en femåring som inte vågar erkänna sina brister, och istället genast börja arbeta med personlig utveckling.

När du inte lär dig från dina misstag så går du miste om ett liv som du egentligen kunde ha levt, du lever ditt liv fylld av ånger och dör med miljontals ursäkter till varför du levt som du levt. Vet du var de bästa drömmarna och de bästa idéerna är någonstans? Det sägs att de ligger på alla kyrkogårdar. Är mod något du saknar? Acceptera din rädsla, erkänn dina brister och börja jobba med att utveckla ännu mer mod. Men låt inte dina drömmar dö med dig, världen behöver dig och dina drömmar. Det värsta är att du kommer att inse till slut att det var fel att inte lämna något efter dig, och när du till slut inser det så är det alldeles för sent.

I sin bok "Munken som sålde sin Ferrari" pratar Robin Sharma om det där glaset som tas upp konstant när man ska särskilja en optimist och en pessimist. Om du visar ett glas som har vatten till hälften så brukar oftast pessimister säga att glaset är halvtomt och tvärtom när man frågar en optimist. Dock så är det något som fastnade hos mig från den boken. I slutet när munken reser sig och går, så märker han som intervjuar honom att hans glas var tomt. Det tomma glaset har varit i min hjärna sen jag läste den boken och nu kan jag verkligen förstå varför.

Det sägs att människan inte har utvecklat sin fulla potential. Vi är kapabla till så mycket mer och det visas genom vår utveckling, de saker vi redan åstadkommit. Satelliter, att komma till månen, internet, och så mycket mer. Det jag menar är att jag vill välja att se glaset som tomt för det orsakar två saker hos mig: Nummer ett är att det ger mig mer rum för att alltid lära mig om nya saker och utveckla mig, och det påminner mig om att vi är kapabla till så mycket mer än det som redan uppfunnits. Och nummer två är att det orsakar även en känsla av ödmjukhet hos mig. Jag känner mig ännu mer tacksam för min kapacitet att kunna lära mig mer, och det visar även att du är ödmjuk i andras ögon, de som ser dina egenskaper och vad du kan bli. Det sägs att om man kollar på någon med ögonen som ser vad han är, så bidrar du inte till dennes utveckling, men om du däremot tittar på personen med ett hopp om vad den kan bli så öppnar du dörren till möjligheter och bidrar till personens utveckling.

Balansen här handlar så klart om att aldrig låta glaset bli torrt, trots att din ödmjukhet är inställd på att det är tomt.

Valet är ditt. Misstag är bra beroende på hur du väljer att se på dem, men att överväga fördelar och nackdelar och tänka innan du agerar för att undvika misstag i livet är som att ha facit till det svåraste provet du någonsin gjort i ditt liv.

20. Vilket är det bästa beslutet?

När jag var 23 år gammal förändrades mitt liv. Jag ville inte fortsätta leva. Det var en mörk vecka. När vi flyttade till Sverige år 2005 så fick jag en ny pappa som skulle fylla ut rollen. Han gjorde sitt bästa och jag är så tacksam än idag att han försökte så mycket han kunde att få oss att känna oss som hemma. Men när jag var 23 år gammal så förlorade jag min tredje pappa. Och utöver det: min morfar som försökte fylla papparollen en gång i tiden, fanns inte längre kvar heller. I samma veva hade en av mina bästa vänner dött i cancer, endast 21 år gammal, och jag hann inte ens ringa till honom. Cancer tog alla mina nära och käras liv. Jag sökte hjälp från alla håll och kanter från människor som hade överlevt cancer under den veckan, för jag ville inte ringa honom utan att kunna hjälpa honom. Han dog inom mindre än en vecka från att jag fick nyheterna om att han hade cancer.

Jag kommer ihåg att det var under min PT-utbildning som jag fick nyheterna, samtidigt som jag jobbade på Volvo. Jag jobbade natt mellan 00.00 och 06.30 och sedan åkte jag alltid till min utbildning som slutade klockan 17.00, vilket gjorde att jag resten av tiden mellan 18.00 och 23.00 försökte sova. Det var ett par tuffa veckor som jag själv utsatte mig för. Därför fungerade inte jag och mina tankar till hundra procent. Istället för att tänka: "Ta dig tio minuter och ring din vän som håller på att dö. Han blir säkert glad av att höra din röst", så tänkte den: "Ta reda på hur man överlever cancer och hjälp honom, ingen annan ska dö av cancer om jag har något att säga till om!"

Detta, plus att jag tidigare förlorat två närstående i cancer, gjorde att jag hamnade i någon slags depression. Jag som var så glad trodde inte det var möjligt att jag skulle hamna i en sådan situation. Jag gjorde det inte bättre genom mitt missbruk. Jag försökte försvinna till ett annat ställe varje dag för att tänka bort verkligheten där jag på något sätt var skyldig för min bästa barndomsväns död och att båda mina pappor hade dött i cancer.

Det var en mörk kväll. Ensam i min lägenhet skickade jag iväg det som jag trodde skulle vara det sista sms:et till min mor. Någon timme senare dök min syster upp utanför min dörr, hon hade åkt hela vägen hem till mig för att finnas där för mig. Tro det eller ej, hon är en av änglarna i mitt liv.

Har du någonsin bett om att få komma hit och leva? Tänk på det, har du gjort det? Svaret är nej. Ingen av oss kan komma ihåg vad som hände innan vi fick kroppar att gå i.

Och då kanske man tänker: "Men om jag har en fri vilja, varför fick jag inte välja?" Din fria vilja existerar endast för att du existerar, och utan dig hade den inte varit möjlig.

Jag vill påstå att det kommer att finnas ett tillfälle i alla människors liv när vi tack vare vår fria vilja fattar ett beslut och gör livets viktigaste val – och det är att LEVA. När vi inser att det faktiskt är vi som får välja att leva så kommer vi att börja göra allt vi kan för att välja vilket liv vi vill leva.

Du kommer alltid att leva det liv du förtjänar utifrån hur du beter dig mot dig själv varje dag.

Det bästa beslutet jag har tagit i mitt liv är att inse att jag har kontroll, och att faktiskt bestämma att jag vill leva, för när jag väl bestämde mig för att börja leva, så började jag inse exakt vilket liv som jag skulle leva. Jag började sätta höga krav på den levnadsstandarden som jag ville ha, och från och med den dagen har det bara blivit bättre och bättre för varje gång.

Jag ångrar ingenting och jag är tacksam för allting. Det har sagts att ibland behöver saker och ting falla isär för att göra utrymme för bättre ting.

När du väljer att börja leva är det som att du plötsligt blir uppfylld med ny energi, ett nytt liv, som egentligen vet vart det är på väg. Du kommer att börja definiera dina mål och börja arbeta varje dag för att uppnå det liv som du valde att leva.

Det enda vi får är livet. Förutsättningarna bestämmer och skapar du själv. Omständigheterna behöver inte vara centrumet i ditt liv, du är i centrum. Omständigheter är energi som bara du kan omvandla till framgång eller motgång, det bestämmer du utifrån det perspektivet som du intar.

Alla kommer hit nakna, pratlösa och ointelligenta. Allt du är och har är förutsättningar som du själv har skapat och lärt dig på vägen. Kärlek, frihet i alla former, relationer och framgång är något som du själv måste lära dig att ta hand om i ditt liv och det är något som du konstant måste så och ge näring. Så länge du har bestämt dig för att börja leva det liv du förtjänar på riktigt, så kommer detta i sin tur bidra till att du som person vill utvecklas och därför kommer du konstant att sträva mot förbättring och växa med tiden.

Mer konkret så kommer du att förbli den unika och fantastiska person som du redan är, men skillnaden är att du blir ännu smartare. Lev i nuet, men sluta aldrig att kämpa för den framtid du förtjänar. Kom ihåg att den lycka du har idag bara är en del av den större lyckan som komma skall. Din potential är oändlig och det är dags för dig där du är nu att se till att du tar fram odjuret i dig som är villigt att göra det som krävs för att leva det liv som du alltid drömt om! Tro mig, det är värt det!

När du bestämt dig att trotsa dina omständigheter, så kommer du att leva fullt ut. Låt oss vara realistiska: du kanske har barn, ett tryggt jobb, en stadig ekonomi, men låt oss göra matematiken: Den normala arbetstiden för en arbetstagare är i snitt 8 timmar per dag. 8 gånger 5 är 40, vilket ger oss 40 arbetstimmar i veckan. Sedan spenderar man i snitt 4 veckor i månaden på arbetet, vilket motsvarar 160 timmar i månaden. Varje år spenderar arbetstagaren ungefär 1 920 timmar på att arbeta, och sover man ungefär lika mycket så går det åt 1 920 timmar till att sova om året. Resterande 1 920 timmar är din "fritid". Du ska då hinna avsätta tid för dig själv, för släkten, för familjen och för vännerna. Du ska ut med hunden och du ska motionera. Och sedan ska vi då räkna in alla måsten under fritiden, vilket innebär att bland annat laga mat, städa, tvätta, diska, klippa gräset och renovera huset. Med så mycket man vill göra i sitt liv, är det då värt att spendera en tredjedel av det på ett arbete som inte stimulerar dig och som du inte brinner för? Ligg inte på din dödsbädd och ångra dig för att du inte levde fullt ut medan du levde. Du är kapabel till att fatta ett beslut – det bästa beslutet. Du behöver endast jobba med din självsäkerhet, och det finns ett recept för det med.

Det hittar vi i Napoleon Hills Bok "Think and Grow Rich":

First. I know that I have the ability to achieve the object of my Definite Purpose in life, therefore, I DEMAND of myself persistent, continuous action toward its attainment, and I here and now promise to render such action.

Second. I realize the dominating thoughts of my mind will eventually reproduce themselves in outward, physical action, and gradually transform themselves into physical reality, therefore, I will concentrate my thoughts for thirty minutes daily, upon the task of thinking of the person I intend to become, thereby creating in my mind a clear mental picture.

Third. I know that through the principle of auto-suggestion, any desire that I persistently hold in my mind will eventually seek expression through some practical means of attaining the object back of it, therefore, I will devote ten minutes daily to demanding of myself the development of SELF-CONFIDENCE.

Fourth. I have clearly written down a description of my DEFINITE CHIEF AIM in life, and I will never stop trying, until I have developed sufficient self-confidence for its attainment.

Fifth. I fully realize that no wealth or position can long endure, unless built upon truth and justice, therefore, I will engage in no transaction which does not benefit all whom it affects. I will succeed by attracting to myself the forces I wish to use, and the cooperation of other people. I will induce others to serve me, because of my willingness to serve others. I will eliminate hatred, envy, jealousy, selfishness, and cynicism, by developing love for all humanity, because I know that a negative attitude toward others can never bring me success. I will cause others to believe in me, because I will believe in them, and in myself.

I will sign my name to this formula, commit it to memory, and repeat it aloud once a day, with full FAITH that it will gradually influence my THOUGHTS and ACTIONS so that I will become a self-reliant, and successful person

NONTHING THAT THIS LIFE HAS TO OFFER IS WORTH THE PRICE OF WORRY.

Vill du veta vad jag gjorde första gången jag hörde detta? Jag skrev ut det från min dator och skrev under med mitt namn, och sen dess sitter den lappen inramad uppe på min vägg hemma. Det är en självaffirmation som jag gör varje dag, jag har ändrat lite i den dock för att få den att fungera för mig. Men själva handlingen görs dagligen varje morgon.

Här är mina ändringar ur stycke nummer 5: Istället för att säga endast: "I will eliminate hatred, envy, jealousy, selfishness, and cynicism, by developing love for all humanity, because I know that a negative attitude toward others can never bring me success", så står det för mig: "I will eliminate hatred, envy, jealousy, selfishness, and cynicism, by developing LOVE, PATIENCE, GENEROSITY, HUMILITY, MODESTY, KINDNESS, GOODNESS, MILDNESS and FAITH in all humanity, because I know that a GREAT AND KIND attitude toward others WILL ALWAYS bring me success."

Det här är några av den heliga andens frukter, alltså egenskaper som vi hittar i Bibeln i Galaterbrevet 5:8.

Sedan tänker jag även på den psykologiska aspekten. Vad du säger till dig själv högt är det som ditt undermedvetna fångar upp. Om du bara säger ordet "inte" och struntar i att betona den nödvändiga beskrivningen av de saker som du vill ha, i det här fallet egenskaper, så är det som att du i princip säger till någon "Vill du INTE ha en extra ...". När du lägger ordet "inte" just i det sammanhanget så säger du egentligen nej och besvarar frågan innan du ens har ställt den. Tänk högre, och tänk positivt.

Välj att börja leva fullt ut, och du kommer att vakna från döden som dem flesta vandrar omkring i, vissa är som filmzombier. Det är som om vi har blivit programmerade av samhället att gå, bete oss, tänka och framför allt lyda – som samhället vill att vi ska tänka, och gör man tvärtom så blir det mobbning på hög nivå. Det förkommer, tro det eller ej, faktiskt mobbning bland vuxna. Det sker när alla nejsägare kastar negativa påståenden på dig och dina drömmar. Det är som ett negativ klump som du måste slita dig igenom. Du kanske märker att många tar avstånd från dig, och du kan på sätt och vis känna dig utanför i början, men som Zig Ziglar en gång sa: **"Om du är den smartaste i din grupp, så är det dags att skaffa dig en ny grupp."**

Och vill du lyckas i livet, så tro mig: du kommer att behöva människor och hjälp från alla håll och kanter för att hålla dig stark och i rätt riktning.

Henry Ford var en person som var väldigt skicklig på att dra ihop smarta människor för att kunna få all hjälp han behövde ur sin master-mind-grupp. Mer om hans berättelse kommer längre fram i kapitel 6 under teman tio bra saker som leder till perfektion.

V. Mod och empati

21. Tiden är inte livet

Du kan inte stoppa tiden, den stannar aldrig, oavsett vad. Det enda du kan förändra är vad du väljer att spendera din tid på och med vem. Jag rekommenderar att du tillbringar den exakt var du vill, med vem du vill och hur du vill. Och det gör du bäst med en god attityd, så att du kan förvandla din framtid till precis den du vill ha. Oavsett om det handlar om bättre hälsa, bättre relationer, bättre ekonomi, eller bara mat på bordet. Odla egenskaper som gör dig till en bättre människa och glöm inte att leva i nuet. Lägg inte till år i ditt liv, lägg till liv i dina år. Tiden är inte livet, utan det är vad du gör med tiden under ditt liv som räknas.

Hur kan man utnyttja den tid vi har så att vi kan leva fullt ut och på det sätt vi förtjänar? Du kommer alltid att leva det liv du förtjänar beroende på vem du är och hur du agerar mot andra människor, men speciellt mot dig själv. För såsom du behandlar dig själv är, enligt dig, det bästa sättet att behandla någon på. Ta bättre hand om dig, se till att du utnyttjar den tid du har, och gör resten av ditt liv till det bästa med ditt liv.

Det finns människor som använder tiden för att göra saker de inte älskar för att de måste försörja familjen som de älskar –

eller rättare sagt för att de vill. Men kan man försörja sin familj som man älskar och samtidigt älska det man jobbar med eller jobba med det man älskar? TÄNK ÄNNU STÖRRE!

Det är svårt ibland, med tanke på att det krävs uppoffringar och risker från dig. Något som du behöver är självsäkerhet och tron på att det kommer att gå bra oavsett vad du riskerar att du och din familj går igenom.

Börjar du att använda principerna i denna boken – alltså recepten och naturlagarna – så kommer du så småningom märka att egenskaper inom dig växer. Egenskaper som är väsentliga för att du ska kunna våga ta risker, bli mer säker och göra det som krävs i livet, och det är att betala fullt pris i förskott innan du kan börja njuta av frukterna från det hårda arbetet och hängivenheten som du lagt ner. Det sägs att allt svårt inte alltid behöver vara värt att göra, men med all sannolikhet så kommer allt som är värt att göra definitivt vara svårt – och dessutom innehålla många droppar svett, långa nätter, en rimlig nypa belöning på vägen och otroligt svåra dagar.

Men så här långt in i boken har vi analyserat att vår mentalitet och inställning till livets hårda slag kommer att göras oss tuffare, beroende på hur vi väljer att reagera på dem.

Det sägs även att dagen du dör är mer värdefull än dagen du föds – Predikaren: 7;1

Kan det vara så att när du föds är du som ett oskrivet blad? Du har varken kontribuerat med en förbättring eller en försämring av världen som du kom till. Livet för en nyfödd bebis har precis börjat och hans eller hennes fria vilja är igång, därför kan ett barn under sin uppväxt välja exakt vilka vägar han eller hon vill gå och vilka personer han eller hon ska lyssna på. Den mest generösa handlingen en vuxen människa kan göra mot ett barn, är att visa den nya människan kärlekens väg så att barnet genom kärlek då kan fatta beslut i livet. Rimliga beslut som är väl genomtänkta tack vare att barnet verkligen förstår innebörden och fördelarna och nackdelar med varje val. Den som inte delar kärlek fullt ut genom att visa nackdelarna och fördelarna är riktigt lat, och som min mamma alltid sa till mig: **"Ska du göra någonting, gör det bra, annars gör det inte alls."**

"Porque el flojo trabaja doble" – Mamma

Det är ett välkänt citat som betyder att den late jobbar dubbelt. Med åren har dessa ord fäst rötter djupt i mitt undermedvetna så att varje gång något inte gick som jag hade planerat så kopplades det genast ihop med mammas ord, och det har fått mig nu idag – 20 år senare – att inse att jag har den bästa mamman och pappan i världen, eftersom hon tog på sig bägge rollerna.

I mitt liv så har dessa ord gjort ett stort intryckt på mig och vid varje val jag gör och vartenda projekt jag startar så ger jag allt eller inget. Att ge det bästa jag kan med exakt vad jag har, det är min spetskompetens som jag fått av mamma, och för det vill jag säga: Tack, mamma.

Om exakt en månad blir jag 27 år ung. Livet är, som ni vet, kort och flyger förbi på mindre än ett ögonblick. Jag önskar att jag kunde säga: "Det bästa rådet jag kan ge dig är ...", men det kan jag inte. För sanningen är att det finns inte bara ett bra råd, utan det handlar om principer tillsammans i en speciell ordning som gör hela receptet gott. Det hade till exempel varit svårt att göra en väldigt god kladdkaka utan en nypa salt som framhäver alla smaker.

Har du hört talas om att kunskap är makt? Det är fel. Kunskap är bara potentiell makt. Det blir bara makt när och om det är organiserat i bestämda handlingsplaner och riktat mot ett bestämt slut. Vad jag menar är att du har både grädde och visp framför dig, du har kunskapen och verktygen. Nu gäller det bara att agera, trots att du inte känner för det, trots att saker och ting händer, trots att det är vinter och mörkt ute. Agera trots allt. Eller slutar du duscha och borsta tänderna bara för att du inte känner för det?

Hur du spenderar din tid är huvudsaken, om vi nu blandar in principerna som säger att "den late jobbar dubbelt", "ska du göra någonting, gör det bra, annars gör det inte", "lägg till liv i dina år inte till år i ditt liv", och sist men inte minst "jobba smartare inte hårdare, eller jobba hårt med att bli smart", vad får vi då? Då kommer vi fram till att tid är som pengar en illusion, eftersom det är oändligt. Det kan inte styra oss så länge inte vi tillåter det. Vi har skapat pengar för att samhället ska fungera, och vi har skapat en kalender och en klocka av förmodligen samma anledning. Utnyttja resurserna, låt inte resurserna utnyttja dig.

Lär dig att respektera att du inte kan styra över alla andras pengar och alla andras tid: "mind your own business". Ju snabbare du inser det, desto snabbare kommer du att bli befriad från illusionen och börja din resa mot en bättre framtid. Fokusera på det viktiga, den lycka som du fyller dina dagar med. Det innebär inte heller att du ska gå och sälja din Ferrari och bli en munk, det innebär bara att om du verkligen har insett vad det viktigaste är med ditt liv – alltså ditt slutliga mål – så ska du lägga mer än 50 procent av din tid, åtminstone 51 procent, på att åstadkomma det.

"Work all the time you work." – Brian Tracy

Definiera vad som är din gräns, för det enda sättet du kan utnyttja tiden som resurs och visa respekt för pengar och tid, är genom att bestämma hur mycket som är mycket för dig. Vilken levnadsstandard du förtjänar, behöver och som är nödvändig enligt ditt samvetes gränser. Är det att kunna ha en passiv inkomst på 50 000 kronor eller att tjäna en billion i månaden utan att röra ett finger? Det vet bara du.

Det enda jag vet, är att oavsett vilken summa det gäller så måste du ha i åtanke att eftersom de bästa passiva inkomsterna generellt tenderar att vara pengamaskiner som bara ökar i värde, så måste du ha en definition för vad det innebär att vara ekonomisk oberoende och att vara fri.

Vad lägger du resten på? Det är där det viktigaste kommer in. Många kanske tänker på arven och alla som ska "klara sig", men låt oss tänka högre. När det gäller ditt arv, hur många procent av de människor som får ta del av det kan du garantera blir personer med värderingar som utgår från vad som är rätt och fel? Är det inte bättre att se dig omkring lite och hjälpa människor utan samma förutsättningar genom dina resurser? Inte genom att skänka dina pengar till varje individ eller att ge dem till en organisation. Starta organisationer själv, bidra till en bättre värld och lämna spår efter dig. Det betyder dock inte att det inte finns många bra organisationer och personer man kan skänka lite pengar till.

Vad innebär det att vara ekonomisk oberoende? En person som är ekonomiskt oberoende är en person som är fri att göra vad den vill, men framför allt klarar den av att leva till ungefär hundra års ålder med de pengar den har idag. Så ställ dig frågan: om jag slutar att jobba idag, hur många dagar till kan jag klara mig, utifrån min levnadsstandard? Börja inte med att tro att om du sparar in på det, lever så här, och gör mindre av det här så kanske du kan klara dig längre. Det är mycket riktigt, men lika falskt, eftersom som vi vet att personlighet och vanor är det svåraste att förändra hos människan, och levnadsstandarden behöver först vara en del av oss för att vi ska kunna ha en ekonomisk frihet. Vad jag menar är att människor som tjänar mer generellt spenderar mer, och det är där pengarnas knep ligger. Många kallar det girighet, jag vill kalla det för brist på självbehärskning.

Som vi vet är vi människor hundra procent emotionella och oftast agerar vi utifrån känslor och backar upp våra handlingar med rationell logik. Men en person som saknar självbehärskning kommer alltid att leva i illusionen om att mer pengar löser alla problem. De blir ännu mer blinda för vad den riktiga orsaken till deras problem är. När vi som ungdomar börjar arbeta så får vi först smaka på friheten som pengar kan ge och hur det kan få oss att må utifrån vad vi väljer att spendera pengarna på. Det kan vara en resa, en bil, en cykel eller nya kläder. Det är inte den materiella varan i sig vi faller för, utan det är känslorna bakom de materiella tingen som gör att vi sjunker djupare och djupare in i pengarnas famn.

När du blir äldre får du mer ansvar, och visst får du fler utgifter om du har en familj, men innerst inne har du någonstans alltid en längtan om att uppgradera dina leksaker. Det har med vårt belöningssystem att göra: vi vill känna oss bra nog och älskade. Och vi tror att ju mer saker vi har, desto mer kommer folk att tycka om oss. Det här är en fälla – akta dig!

Det är inget fel med att belöna dig då och då. Faktum är att för att lyckas och nå framgång så måste du jobba konstant med att belöna dig. Men belöna dig för rätt saker och ha tanken på rätt ställe när du gör det. Gör det för att du älskar dig, gör det för att du förtjänar det, gör det för att du är värd det! Mår du bra, så kan du få fler att må bra om du har tanken på rätt ställe. Tänk med hjärtat och känn med huvudet.

Människor som hamnar i den fälla som många brukar kalla för "the rat trap", eller "rat race" kommer konstant att ha problem, oavsett hur mycket pengar de äger. Vi måste jobba smartare med oss själva och låta pengarna jobba hårdare åt oss.

Enda sättet du kan spendera din tid rätt på är genom att inte låta saker som tid och pengar styra över ditt liv. Lär dig om dem, analysera dem, förstå dig på varför många människor saknar självkontroll och självbehärskning över sina känslor, för dagen du äger dina känslor, tänker du högre.

Om du är i en period där du just nu offrar utgångar, fest med kompisar, en partner, familj och vänner, så uppmuntrar jag dig till att fortsätta endast om du har en klar bild av varför du offrar det just nu och vet det exakta datumet för när du slutligen kommer att kunna leva exakt som du själv vill i det liv du förtjänar. En person som kan offra perioder i sitt liv för att njuta av frukterna sedan, är en person som har en klar och säker vision om vad den egentligen vill, och vet att de kommer nå den så småningom, så länge du tror på den till hundra procent.

Så vad har vi gått igenom i det här kapitlet?

- Att tid inte är liv. Det är vad du gör med din tid som är det väsentligaste med ditt liv.
- Att definiera vad du vill spendera din tid på och vad som är det perfekta livet för dig.
- Att undvika fällorna som livet erbjuder genom att ha hjärtat på rätt ställe.
- Att uppoffringar är frivilliga och kräver hundra procent av ditt fokus och din självbehärskning.

22. Hur kan mod och empati gå ihop?

Om vi googlar ordet "mod" så får vi fram att en modig person handlar i överensstämmelse med sina övertygelser och önskningar, även vid risk för negativa konsekvenser mot det egna jaget.

Att vara tapper och modig är bra egenskaper. Det är makt. Därför är det väsentligt att vi väljer våra modiga handlingar så att de används till rätt saker och när det verkligen behövs.

Mod är det enda som kan neutralisera rädslor som vi går runt och bär på, rädslor som stoppar oss på vår väg mot våra målsättningar. Mod kan även göra dig mer effektiv och till mer av en person som vågar agera trots alla "men" på vägen.

Jag kommer inte ihåg första gången som det krävdes av mig att vara modig, men under mitt liv har jag lärt känna mig själv mer och mer och jag tror att det är någonting som jag kommer att fortsätta att göra livet ut. Jag kommer dock ihåg några saker som jag är rädd för och dessa rädslor kommer nog aldrig förvinna helt: Jag är rädd för att stå och prata framför andra människor. Jag är också rädd för att säga något utan att först ha tänkt igenom hur jag ska formulera mig, jag är rädd för att säga fel, jag är rädd för ormar, för spindlar, för getingar, för arga hundar, för höjder, för blod, och listan är mycket längre än så. Jag skulle behöva en till bok bara för att prata om mina rädslor, haha!

Dock har jag lekt med ormar och spindlar i djungeln, klättrat till de högsta trädtopparna, lekt med arga hundar, varit alltid den som frivilligt tackat ja till att framföra föreställningar i skolan, skrivit och pratat på ett helt annat språk än min egen, tagit på mig olika ansvarsroller under mina arbeten som tvingat mig att prata framför stora grupper – och visst, ibland säger jag fel jag också. Jag är verkligen rädd, men mod är som en väska fylld med vapen och olika verktyg, och när jag gör fel så tar jag fram rätt verktyg som erkänner och rättar till felen jag gör, och det är det som gör mig modig.

Om du saknar mod, säkerhet, tapperhet och lösningar så ge inte upp. Agera trots allt. Handla smartare, men gör om de saker som du är rädd för och till slut kommer du att neutralisera rädslan som stoppar dig. Mod är ingenting man föds med, som rädsla är det någonting som vi måste lära oss på vägen. Är du också rädd för en hel del saker? UNDERBART! Nu har du verkligen möjlighet att lära dig att vara modig, för utan rädslan hade du inte fått möjlighet att bli modigare. Rädslor är endast möjligheter som vi behöver ta till vara på för att bli mer tappra.

När kan mod gå överstyr? Att vara modig behöver inte betyda att vi förmedlar kaxighet, girighet, eller cynism. Det sker endast när man går över den balanslinjen som man själv sätter mellan det mod som krävs för att utföra en handling och medkänslan du har för andra för att förstå att vi alla har olika rädslor, och upplever saker och ting på olika nivåer.

Vad behövs mod till egentligen? Som jag tidigare nämnde så är jag och kommer nog alltid att vara rädd för vissa saker, mod är den drivkraft som pushar mig framåt, trots rädslan som finns inombords. Har du planer på att till exempel starta eget, bli ekonomiskt oberoende, och samtidigt bli den där exemplariska, omtänksamma, empatiska, och kärleksfulla förebilden som du alltid drömt om? Då kan jag säga till dig att mod är en av ingredienserna som du kommer att behöva för att slutföra dessa höga krav och uppfylla den högt uppsatta levnadsstandarden som du drömmer om.

Hur vill du bli ihågkommen? Vad vill du att människor och närstående säger om dig när du inte längre finns kvar? Vad vill du göra för intryck? Kom ihåg: första intrycket säger allt, och du har bara en chans att göra det på och det är i det här livet som du har chansen att göra ditt första intryck.

Empati är medkänsla. Empati är konsten att förstå en persons situation genom att sätta sig i deras skor. Trots att vi inte vet exakt hur de känner så ska vi göra vårt yttersta för att förstå att om vi hade varit i deras skor ordagrant så hade vi nog känt likadant.

Men hur används det och hur går det ihop med mod? Empati är det som bör vara på andra delen av balansvågen när vi pratar om att vara modig och ambitiös, det är att vara empatisk som till slut framhäver var ditt hjärta är någonstans.

Utan empati gör vi endast rum för mod att övergå till girighet, dogmatism och cynism. En äkta medkänsla och medlidande för människor kommer verkligen att ge dig ännu mer motiv och drivkraft till att uppnå den drömbild som du har av den person du är kapabel till att bli – den förbättrade versionen av dig själv. DU är kapabel till så mycket mer, och det är mer än möjligt att leva det liv du förtjänar. Det är nödvändigt för mänskligheten att ha modiga människor som vågar gå mot strömmen, göra en förändring och vara empatiska mot sina medmänniskor.

Empati och mod behöver vara i harmoni om du ska följa receptet till framgång. Om en modig person saknar empati kan den till exempel få många att lida, och göra vad den tycker är rätt trots att det kan innebära att skada andras rättigheter eller moral. Om en empatisk person saknar mod, så blir det svårt för den att få sin vilja igenom och säga till när det väl behövs. Om orättvisa sker kan den bara känna medlidande, och ha svårt för att agera och sätta stopp för fler orättvisor.

Ställ dig frågan: Vem vill jag vara? Hur kan du med rätt nypa salt hitta harmonin för att vara empatisk nog så att du kan förstå både den skyldiga och den oskyldiga? Du behöver inte hålla med om den skyldigas handling, men kan du förstå den? När du kan acceptera olikheten bland människor på grund av att vi alla går runt och bär på tunga förflutna, så kommer du att vara empatisk mot både den skyldiga och den oskyldiga.

Mod är som diesel på Cirkle K: det kostar dig mycket, men det varar länge.

Jag tror att ni alla kan relatera när jag går tillbaka i tiden och tänker på första gången jag trodde jag såg min livs kärlek eller den där personen som fick dina ben att skaka. Kan du komma ihåg dagen du bestämde dig för att gå fram och säga hej, eller när du skulle fråga ut personen på en dejt? Visst krävdes det mod av dig? Kom ihåg dessa ögonblick, för om du har varit modig en gång i tiden, så kan du vara det igen.

"Been there, done that, do it again and courage will shine upon you."

Eller gången du reste själv för första gången? Alla dessa exempel är bevis på hur modig du en gång varit. Du har säkert ännu fler modiga exempel, som kanske gången du sa ifrån när skolkamraterna retade dig i skolan, eller när du anmälde den där arbetskollegan som var jobbets antastare?

DU är modig, du är empatisk, du är bättre än igår, du är bättre än du någonsin varit!

När det kommer till pengar, så måste du förstå att alla pengar du någonsin kommer att tjäna kommer från människor, och ju mer du lär dig att förstå dessa människor – deras förflutna, deras egenskaper och känna genuin empati för dem – desto tydligare kommer du att se hur du blir en pengamagnet på grund av the law of attraction. Och då dra till dig pengarna du behöver och exakt så mycket som du behöver till vilket mål du än anser vara nödvändigt.

Lustigt att ordet tjäna kan betyda "att få betalt", men samtidigt "att arbeta". Kan den gemensamma nämnaren vara att du alltid måste jobba i förväg, oavsett om det är på dig själv, för dig själv eller för någon annan för att FÅ något du förtjänar?

Principen här ligger i att det finns mer lycka i att ge än att få, och det gäller allt. För vad du ger kommer förr eller senare att komma tillbaka till dig.

Så genom att visa empati för människor, så kommer du att öppna möjligheter för dem att anstränga sig för att lära sig att förstå dig och visa empati för dig, och förstår de dig så kommer personer runt omkring dig vilja hjälpa dig att nå dina mål för vad du än behöver göra.

Har du hört rådet som säger: "behandla alla andra som du själv vill bli behandlad"? Det är klockrent! Men en person som verkligen visar empati för andra människor kommer att behandla andra såsom de själva vill bli behandlade utifrån vad de personerna anser är bäst för dem. Vad jag menar är att om jag gillar vatten att dricka mer än någonting annat, då serverar jag vatten till alla som jag behandlar endast utifrån mitt eget perspektiv. Men om jag nu lär mig att förstå människor, deras behov och visar empati mot dem, då kommer jag att börja tänka mer och mer på vad de anser är bäst för dem själva och ger dem rätt drink i baren när de beställer, och inte vad jag rekommenderar.

Med det här sagt, så vill jag nu att du tänker på när du senast gjorde en osjälvisk handling, och behandlade någon bättre än vad du behandlar dig själv? Lite svårt att tänka på eller hur? Jag skulle vilja påstå att i längden kan vi aldrig ge någon mer lycka än den vi egentligen har själva, men empatin är den hammare som slår sönder dina egna behov och sätter andras behov före dina för att öppna broarna som leder till den verkliga lyckan som du förtjänar. Du behöver bara vara modig för att testa och inse att din verklighet inte behöver vara endast en dröm, och att din dröm om lycka kan bli din verklighet.

23. Är medkänsla något som vi föds med?

I sin bok "Lev i tiden" av Katri Cronlund pratas det lite lätt om hur och i vilka åldrar barn tenderar att utveckla sin personlighet och vilka faktorer det är som står bakom deras utveckling och vad som kan påverka barnens uppväxt och

93

förmågan att lära sig. När Katri fördjupar sig så är det Freuds teori som tar över och beskriver hur detet, jaget och överjaget utvecklas under ett barns uppväxt. Vår uppfostran och vår miljö kan ofta påverka vad vi lär oss och hur snabbt vi utvecklar vår förmåga att ta in ny information.

Vi människor har olika tendenser utifrån vad vi fångar upp på vägen, men till skillnad från djur är vi inte styrda av instinkter. Det enda jag skulle vilja lyfta fram här är att det är i vår natur att leva och att föröka oss. Sen hur vi lever, och på vilka sätt vi utnyttjar livets unika gåva av sexuell njutning har med var och en att göra. Det kan låta för gammaldags, men enligt mig så är sexuell njutning en del och resultatet av kärleken mellan två individer, och produkten av den kärleken brukar i de flesta fall vara en bebis. Här kan man använda något som Brian Tracy kallar för "zero base thinking", vilket lyder så här: "Knowing what I now know, would I do it again? – Nu när jag vet vad jag vet, hade jag gjort samma sak igen?"

Vad jag vill komma till är oavsett om det är medkänsla eller en annan egenskap, så är det som med alla våra andra förmågor: vi lär oss på vägen och vi utvecklas med tiden på grund av många externa faktorer. Jag skulle vilja påstå att vi allihop kommer hit lika smarta – eller lika korkade beroende på hur du väljer att se på det. Om alla kromosomer sitter på plats så kommer receptet alltid att bli detsamma: en människa med lika mycket potential som någon annan och kapabel till att förverkliga otänkbara idéer som inte går ens att föreställa sig. Ta till exempel mormors fantastiska morotskaka. Den blir alltid likadan oavsett vem som gör den om man följer den exakta mängden ingredienser, i den korrekta ordningen och blandar på samma sätt som mormor säger att man ska blanda. Och då får vi inte heller glömma att ha samma temperatur. Allt detta resulterar i exakt samma smaker som när mormor själv bakar sin gudomliga morotskaka.

Hur viktig är medkänslan? Hittills i boken har vi gått igenom att samlade egenskaper mot samma mål är det som gör oss rika. Det i sin tur sammankopplat med alla naturlagar – såsom attraktionslagen och andra principer – kommer att ge dig exakt vad du förtjänar. Men hittills i boken har vi också förstått att varenda krona du kommer att tjäna i ditt liv kommer ifrån människor, och den enda anledningen till att de kommer att hjälpa dig är om du verkligen förstår hur de ser på saker och ting i diverse sammanhang.

Denna väsentliga egenskap kallas för medkänsla, och behövs användas väldigt ofta. Det är en egenskap som en överoptimistisk person kan ha svårt med, och då pratar jag utifrån historier, erfarenheter, och mitt tidigare jag.

Jag satt i bilen igår med min nya kollega från mitt nya jobb. Vi lärde känna varandra lite, och jag frågade henne om hon hade någon flickvän, då hon tidigare gett mig tydliga signaler om att hon gillar tjejer. Vi kom fram till att både hon och jag har varit i liknande förhållanden, där den andra partnern kan gå runt och älta samma problem för länge, medan vi kunde tycka att man inte behöver klaga eller ens ta upp någonting om inte den andra är villig att godta, bidra eller brainstorma om positiva lösningar. I sådana förhållanden känns det nästan som att personen endast vill att du håller med och är minst lika arg som den själv är. Jovisst, absolut, det går att känna lite av den där medkänslan som jag försöker snacka om här, men är man för överoptimistisk så kan det uppfattas nästan som falskt. Personen – i det här fallet vår partner – känner sig dum, och du känner dig frustrerad. Detta i och med att du tio sekunder in i det negativa samtalet redan har hittat en lösning.

Visst är vi problemlösare, och det är bra att människor som litar – eller inte litar på oss – kommer till oss med olika slags bekymmer, då det sägs att man inte ska gå till någon med sina problem om man inte tror att mottagaren kan hjälpa till att lösa dem.

DOCK när det gäller medkänsla, är det ibland det enda som avsändare är ute efter. Lite medkänsla och empati är bland det viktigaste du behöver för att lyckas, oavsett hur överoptimistisk du än må vara och hur bra lösningar du än har.

KOM IHÅG "PEOPLE DON'T CARE ABOUT HOW MUCH YOU KNOW, UNTIL THEY KNOW HOW MUCH YOU CARE."

Och det här gäller i alla relationer, vare sig personen har känt dig i tio år eller bara någon dag. Vi får aldrig glömma att människor vill –oavsett hur bekväma vi känner oss och de känner sig med oss – att vi visar att vi bryr oss i alla sammanhang, oavsett vad det gäller. En notis här är att det inte innebär att du måste hålla med om precis allt de säger. Höll endast med om du tycker att något verkar vettigt och rimligt utifrån vad du då vet. Men låtsas aldrig hålla med någon om inte du tycker på det viset. Du kan dock alltid vara empatisk och visa medkänsla genom att anstränga dig så gott du kan för att förstå hur den andra personen känner.

En grej jag har lärt mig på vägen är att oavsett vad du har för lösning, så fungerar den lösningen endast utifrån ditt perspektiv på grund av den optimistiska känslan som du ger den. Vi är olika, och vissa människor kräver lite mer tid för att komma tillbaka från motgångar. Vi som läser den här boken är inte som de flesta, vi väljer att vara annorlunda, konstiga, men det ger oss det stora ansvaret att lära oss så gott som vi kan om konsten att känna medkänsla för andra som inte är som oss.

Vi vet ofta lösningen, men den lösningen räcker inte utifrån var den personen befinner sig just då. Det är en process. Kom ihåg att alla inte är på samma nivå vad det gäller Personal Development Stages.

Så här kan en process se ut:

Anita och Kalle har känt varandra i snart 10 år. De är bästa vänner, trots att de har växt ifrån varandra lite och Kalle har kommit till en annan nivå i PDS-trappan.

Anita: Kalle, du vill inte veta vad som hände på jobbet idag!

Kalle: Jo, vad har hänt?

Anita: Robert, du vet, han smällde i dörren efter att ha varit och pratat med chefen. Jag var på rast och medan han gick så sa han att jag var efterbliven och spottade mig rakt i ansiktet! JAG ÄR SÅ ARG!!

Vi stoppar här lite. Anita säger: "Robert, du vet", vilket förmodligen innebär att Kalle vet vem Robert är och kanske till och med vad han har gjort tidigare. Med det i åtanke, hur kan Kalle svara på det som Anita berättar?

Kalles svar 1: Nej, men är det sant?! Det är ju han som är efterbliven som reagerade så där!

Kalles svar 2: Han skulle aldrig reagera så, men vad tror du har hänt? Fick han sparken?

Kalles svar 3: Ja, men det är väl inget du kan göra åt det nu, han fick säkert sparken ändå. Det som är bra är att du aldrig mer behöver träffa honom.

Kalles svar 4: Var det du som fick honom sparkad?

Kalles svar 5: Vad skönt! Nu blev du verkligen av med honom!

Låt oss säga att Kalle befinner sig i nivå 9 på PDS-trappan. Han ser det goda i alla människor, till och med i "fienden", vilket i det här fallet är lika med Robert. Han vet att Robert reagerar utifrån vem han är och vad han kan. Hade han vetat bättre så hade han reagerat annorlunda och till och med bett om ursäkt innan han gick, trots att det var Anita som fick honom sparkad.

Men är det något som går att förklara för en person som är ARG och uppe i varv, fylld med en kombination av ledsna känslor såsom Anita är? Svaret är nej, så här, kan det bästa svaret Kalle kan ge Anita vara inte att endast fokusera på lösningen. Lösningen kan låta arrogant, och Anita kan till och med känna sig dum för att Robert inte förstår hennes upprörda känslor.

Det bästa svaret Kalle kan ge henne i det här fallet är en kombination av förståelse och lösning, och förståelsen måste vara 90 procent och lösningen 10 procent i denna process. För återigen: människor bryr sig inte om hur mycket du vet förrän de vet hur mycket du bryr dig om dem. Speciellt om de är fyllda av starkare känslor än i vanliga fall. Så oavsett hur överoptimistisk du är: om du inte visar empati så är det som att du som sändare pratar med en vägg.

Bättre svar: Du driver med mig?! Jag skulle aldrig gjort något sådant oavsett vad! Du måste ha blivit vansinnig! Men ärligt talat: Hur mår du?

Anita: Jag är arg, men jag mår lite bättre nu. Han kommer ju åtminstone inte tillbaka.

Kalle: Vad skönt att höra. Du är helt otrolig som redan kan må bättre efter det där, det visar bara hur stark och mogen du är. Men det är åtminstone skönt att slippa honom på jobbet framöver.

Att försöka matcha någon annans känslor är bland det bästa du kan göra. Och visst kan du kanske komma på tusen lösningar direkt, men som du märkte här nu ville Kalle endast förstå hur hon mådde utifrån hennes synvinkel och det positiva han sa utgjorde endast ungefär 10 procent av hans reaktion.

Det finns en fin refräng som går så här:

Lär ut ... och personen kommer att glömma ...

Visa ... och den kommer att komma ihåg ...

Involvera ... och personen kommer att förstå ...

Ta ett steg tillbaka ... och personen kommer att agera ...

Anita hittade lösningen själv, och det kan de flesta göra om vi vägleder dem till den genom att först förstå oss på deras känslor. Du behöver inte vara eller bli en psykolog för att bemästra konsten att lyssna, förstå och vägleda.

Kalle i det här fallet fokuserade ytterst lite på själva händelsen. Han lade sitt fokus på sin vän som han bryr sig om. Han brydde sig mer om hur hon mådde, och trots att det är svårt att hitta det positiva i någon som är fylld med negativa känslor efter något sådant, så ansträngde han sig verkligen för att hitta minsta lilla för att uppmuntra henne och omedvetet vända hennes energi mot den ljusa sidan.

24. Kan rädsla försvinna helt?

Det var en gång en man som hade en dröm. Hans dröm var att få se en värld där människor endast visade genuint intresse och kärlek för varandra. Denna värld skulle bestå av alla olika människor från alla olika kulturer och bakgrunder. Ingen skulle känna sig utanför och allas empatiförmåga skulle vara på nivå 10 i PDS-trappan. Är det omöjligt tror du? Om vi tror att det är möjligt så kommer vi att uppnå det som nu är omöjligt. Utan rädsla och många andra destruktiva egenskaper kanske det hade varit möjligt. En enklare fråga att ställa sig är helt enkelt: Hur många människor är det som bryr sig? För mig låter det självklart att de flesta vill förbättras. Men hur många procent av personerna ute i världen strävar efter att uppnå förbättring? Det sägs att ungefär 10 procent av hela världens befolkning är villiga att göra det som krävs för att uppnå förbättring, och oftast är resterande personer redan fullt upptagna med livets vardagliga "problem", så att livet tillsammans med sin vän "rädsla" paralyserar dessa personers utveckling. De är rädda för att bli av med det de redan har så de vågar sällan medvetet utmana sig själva och göra misstag.

Alla stora entreprenörer, ledare, uppfinnare och filosofer genom tiderna har varit fruktansvärt rädda en gång i tiden. Det ligger i vår natur att känna ett visst obehag när man vill göra något som man kanske inte är van vid. Rädslan kan uppstå på grund av olika anledningar: för att man skulle skämmas om man misslyckas, för att man skulle kunna göra någon besviken eller för att man skulle riskera någons liv eller ens eget. Skräck kan komma i form av tusen olika exempel på vad som kan gå fel.

Men hur lyckades dessa människor att åstadkomma sin dröm och nå sina mål, trots att de var rädda?

Hittills i boken har rädsla tagits upp ett antal gånger. Om vi inte förstår våra rädslor och handskas med dem för att neutralisera dem så kan rädslan övergå till att bli en fobi, och fobier är en svårare grad av rädsla. Att bara diskutera tanken på det du har fobi för kan ge dig rysningar.

Föreställ dig att du är i en hiss på väg ner till tvättstugan. När du väl kommer ner till den smala hallen och dörren öppnas så ser du den största och hårigaste tarantellan du någonsin skådat i ditt liv. Den står ungefär två meter bort och tittar rakt mot hissen. Plötsligt blir det strömavbrott och allting blir svart och den hinner komma in i hissen innan dörrarna stängs. Vad gör du? Jag har inte fobi för spindlar, men till och med jag känner ett visst obehag av att tänka på den situationen. Jag kan inte föreställa mig hur det kan kännas för dig som läste detta och har spindelfobi. Låt inte dina rädslor bli dina fobier och låt inte ditt liv kretsa kring rädslor.

Skräcken är så djupt förankrad i vårt undermedvetna att känslorna som styr rädslan endast kan kopplas till något som vi fruktar över, men däremot kan vi medvetet lära oss att kontrollera dessa starka och automatiska känslor.

Gång på gång har vi påpekat att rädsla bara kan omvandlas och kombineras med andra egenskaper, men den kommer nog aldrig att försvinna helt, speciellt inte om din rädsla sitter djupt i ditt undermedvetna.

"Do the thing you fear, and fear will no longer be a problem, instead it will be a virtue."

Tro på dig själv och tillsammans med modet som växt inombords så kommer du att bli mer självsäker och mer tapper i konfrontationen med livets stora utmaningar. Var bestämd, och det kommer att leda till handlingar, börja agera och det kommer att ge dig mer mod inte tvärtom. Modet i sin tur kommer att göra dig mer självsäker, och självförtroendet du byggt upp inombords kommer att vara oändligt.

"Confidence will take you places you would never go, and the key to confidence is courage."

Confidence will take you to places you've never been. Humbleness will keep you alive. Courage will make the path. And commitment will lead the way. But only God can make you limitless.

Rädsla kan inte försvinna helt och hållet, men den går att kontrollera. Om du frågar alla som någon gång ställer sig och pratar framför publik, så kommer du att märka att svaret blir oftast detsamma och det är att de flesta talare har en grej gemensamt: de är nervösa. Och det svaret följs alltid upp med att lite nervositet är bra innan det är dags för uppträdandet.

Lär dig att behärska din rädsla, och du kommer att påbörja promenaden längs den nya stigen som leder till framgång.

Bemästra din fobi, och upplev livet du förtjänar.

25. Varför är det så viktigt att ha mod och empati i mitt liv?

Mod och empati kommer att ge dig förståelse och även motivation som gör att trots att du är rädd och du tycker att saker och ting är bortom din nutida verklighet, så vågar du och är villig att göra vad som helst för att göra en förändring i världen genom att starta med dig själv. Du är en liten, men viktig komponent på denna planet, glöm aldrig det!

Det ena håller dig på jorden och gör dig mer medmänsklig, det andra gör att "jaget" växer starkare och säkrare för att våga göra tvärtom, att sticka ut från mängden och jaga det du verkligen känner passion för. Utan dessa två egenskaper hade inte den verkliga framgången tagit form. Så vad är framgång? Här är en liten lista som jag vill dela med mig av till dig:

Framgång är allt du gjort gott,

under tiden som har gått.

Framgång är mild,

i världen som fortfarande är vild.

Framgång är din verklighet,

tack vare din tapperhet.

Framgång är exakt vad du vill, inne och ute är du rik,

din tanke har gjort dig framgångsrik.

Earl Nightingale berättade att en gång så frågade han en man när han visste att han var framgångsrik. Hur svarade han? "Jag blev framgångsrik när jag sov på parkbänkarna för jag visste vad jag ville göra och visste att jag skulle göra det."

Han hade varken pengarna, jobbet, eller kontakterna, han hade alltså inte resurserna. Men han hade rätt inställning, en vinnarskalles inställning, en tacksam inställning, en framgångsrik inställning, en inställning som skulle ta honom igenom den uppenbart tuffa perioden som han befann sig i, och som gav honom möjligheten att fortsätta röra sig mot målet.

Fråga dig själv: Hur lycklig är jag? Svaret på den frågan kan visa dig klart och tydligt hur framgångsrik du är, för lycka är framgång.

Men hur blir man modigare och mer empatisk? Jag har gått igenom många situationer i mitt liv där jag varit tvungen att visa hur modig jag egentligen tror att jag är.

Det var en varm sommardag i Cartagena, Colombia, år 1999. Min morfar och mormor gjorde sig redo för att åka till centrum och uträtta några ärenden. Morfar sa: "Mihijito, gör dig redo för vi ska åka snart och du behöver klippa dig."

I Colombia måste man sitta i mycket trafik på bussarna för att komma fram, men man kunde också ta bussen varifrån man ville, det var bara att sträcka ut handen och som en taxi så stannade bussen. (Det är nog kanske därför det blev så mycket trafik, nu när man tänker på det, hehe. Numera finns det hållplatser.)

Vi satt på den sista bussen mot vår destination, men när vi gick på bussen så fanns det endast två platser lediga bredvid varandra längst bak och sedan en ledig plats framme nära konduktören. Min mormor och jag fick sitta bredvid varandra, medan morfar fick sitta längst fram på den lediga platsen. Vid det här tillfället var morfar säkert runt 57 år.

Bussarna hade oftast två ingångar, en bak och en fram. De var för det mesta öppna ingångar, i alla fall för de bussar som inte hade AC. Vi satt framför bakingången, och i och med att den stannade så ofta så kunde folk hoppa in och ut. Jag var vid det här tillfället runt 8 år gammal och älskade och fortfarande älskar att sova när man åkte buss eller liknande. Så den gången hade jag somnat bredvid mormor. Vi var snart framme, nu var det nästan inga människor kvar i bussen, bara mormor och jag och någon till längst bak och där framme fanns endast morfar och chauffören kvar. Jag hade somnat, men plötsligt så vaknade jag av en röst som sa: "Ge mig allt du har!" Jag tittade på vänster sida om mig och såg på min mormor, som höll på att ta av sig sina örhängen, två millimeter bredvid hennes hals låg det en machete som var ungefär 70 till 90 centimeter lång. Den hölls av en kille som kanske var runt 16 år gammal. Han såg mycket arg och upprörd ut, och pratade så sluddrigt och snabbt att man knappt kunde höra vad han sa. Jag tror att han inte ville bli hörd av övriga passagerare, eller i det här fallet morfar.

Så lilla Kevin satt där nyvaken, med all kunskap om kung fu-filmer som jag sett under den tid som jag levt. Har du någonsin tänkt ut vad du skulle göra om du skulle hamna i en jobbig situation? Hur modig kan man vara? Tusen tankar gick igenom mitt huvud, men det fanns en tanke som blev starkare och starkare under de millisekunder som jag satt blek och still, det var: "morfar, vänd dig om, snälla morfar, vänd dig om". Så jag bad till Gud skrikande men tyst i mina tankar: "Gud, snälla hjälp min morfar att titta bak." Allt gick så snabbt ...

Killen var inte ensam, bakom honom fanns det två andra killar som stod och höll utgången fri så att ingen annan skulle blockera den ifall de behövde springa ut.

Jag satt där vit och blek som denna A4-sida jag skriver på, mormor tog av sig smyckena, kniven trycktes ännu närmare halsen, och allt gick så långsamt med ändå så snabbt, det är svårt att förklara. Men plötsligt hörde vi: "EEEY, EEEEEEEY!!!" och jag såg att morfar greppade tag i de två stolparna som fanns på bussen och samtidigt kom med en flygande kickspark som knockade killen med macheten så att han ramlade på de resterande gubbarna. Han sparkade och sparkade så att de ramlade ut ur bussen och nästan under bussen, på varandra. I min chockade hjärna så var jag utan känslor, men efter ett tag så började tårarna ramla, och det värsta av allt var att vi nu var framme vid vår destination, så bussen åkte inte längre än så här. Nu var vi tvungna att hoppa ut ändå, trots att dessa killar bara var några hundra meter bort. Modigt nog så hoppade vi ut och killarna försvann.

Det här är en berättelse där man snabbt kan peka ut vem den modiga personen egentligen är. I kapitel tre i denna bok finner du mer information om hur vi fungerar i liknande situationer. Kortfattat så kan tre saker hända när vi hamnar i sådana här situationer: antingen så flyr vi, slåss vi, eller fryser fast. Morfar agerade utifrån vad han visste och utifrån tanken på att vi var de viktigaste han hade i sitt liv och att han skulle göra vad som helst för att inte förlora oss, till och med riskera sitt eget liv.

Som liten har jag alltid varit den som inte tänker två gånger innan man ger sig in på något, man gör det oavsett vad. Trots att chanserna för att det ska gå min väg bara är en procent av hundra har jag analyserat som så att finns det den minsta möjlighet att det går igenom så kommer jag modigt att genomföra handlingen. Den inställningen har alltid funnits där, men ibland har det hänt – som till exempel i denna berättelsen – att när det väl kommer till kritan så fryser jag fast, och det är normalt. Det är mänskligt att vi människor fryser fast lite då och då, speciellt när det kommer till något som vi varken gjort eller upplevt tidigare. Men om en person med rätt inställning kan frysa fast, föreställ dig då vad som kan hända om en person har fel inställning.

Människor utan mod och empati i sin inställning kommer dessvärre alltid att misslyckas, förutom när de lyckas ändra på sin inställning. Dessa människor har dragit till sig så mycket negativitet i sitt liv att nu kan det till och med skapas negativitet utan att det ens fanns från början. Till exempel: om man tar en negativ person och ger den en uppgift och säger att ingen annan har klarat detta tidigare. Då kan den personen genast börja tänka att det är omöjligt, den kommer att börja tycka synd om sig själv och drunkna i sina egna negativa tankar om varför skulle jag klara det om ingen annan har lyckats innan, det är redan kört, vem är jag ens?

En positiv person skulle genast börja söka efter den där enstaka människan som har klarat av uppgiften tidigare och om det inte gick att hitta så skulle den tänka: Super! Om ingen annan har klarat av det så blir jag den första!

En negativ person ger upp snabbare än en positiv person och det är där det ligger: om du inte är positiv i grund och botten så kommer du aldrig att kunna utveckla det mod och den empati som du vill ha inombords. För att göra det så krävs det en kombination av en positiv inställning sammanflätad med en väldigt hög dos av tålamod och ihärdighet.

Mod och empati tillsammans innebär att man alltid är positiv och tålmodig. Positiviteten hjälper dig att se förbi alla dina hinder och hitta motiveringen till varför du bör agera just nu.

Tålamodet innebär inte bara att sitta stilla och vänta, i det här fallet innebär det att agera regelbundet mot sina mål och konstant göra något litet som rör dig framåt mot dessa mål. Har du tålamod då så kommer du att ha skapat den empati som du behöver ha för dig själv. Att förstå sig själv innebär inte att tycka synd om sig själv, det är den stora skillnaden mellan en positiv och negativ inställning. Den positiva inställningen gör att du förstår din situation och agerar, medan den negativa inställningen gör att du tycker synd om dig själv, och det är det mest destruktiva vapnet som du kan använda för att släcka ljuset och den lilla lågan som håller dina drömmar och ditt hopp levande. Var inte sympatisk mot dig själv, endast empatisk.

När du insett hur viktigt dessa två egenskaper är i ditt liv så kommer du till slut att kunna se tillbaka och bli förvånad över hur bra du känner och förstår dig själv nu, till skillnad från hur det var när du endast levde i låt oss säga "nuet".

VI. En perfekt icke perfektion

26. Är brister medfödda?

Vi ska inte prata om vad som är rätt eller fel generellt i detta kapitel, utan som du märkt i boken så snackar vi endast utifrån hur du ser på saker och ting, så en bättre fråga för att starta detta kapitel hade varit: Tror du att det finns någon frisk och vuxen människa där ute som aldrig känt en piska av dåligt samvete, utifrån något som den personen har orsakat? Om ditt svar är nej, hur kan man då utbilda eller utveckla sitt samvete så att det reagerar så pass bra som det gör för vissa som har begått ett fruktansvärt brott och sedan gått och anmält sig själva och erkänt? Hur kan man då bemästra konsten att känna skuld?

Först och främst vill jag förklara varför det är viktigt att känna skuld: Om man känner det innerst inne så kommer man att vilja rätta till det man känner skuld för. En vuxen och mogen person med rätt utvecklat samvete kommer alltid att erkänna sina misstag och vilja ta initiativ till att förbättra problemet den orsakat. Här är man på nivå 10 i PDS-trappan. Konsten att känna skuld för rätt saker i livet sitter djupt inlärd i vårt undermedvetna så att vårt samvete kan reagera på rätt saker, som när vi väl begår misstag, när vi slänger ifrån oss elaka ord, när vi använder oss medvetet av någon typ av manipulativ kommunikationsteknik med någon som inte förtjänar det – ingen är fri från brister.

Låt oss skapa en gemensam idékläckning: om flera barn skulle växa upp i en värld där ondska inte fanns, och heller inga sjukdomar, ingen avundsjuka, inga bekymmer, ingen oro för ekonomisk trygghet, bara äkta kärlek som omringade barnen, hur skulle dessa barn bli tror du? Ganska bra eller hur? Men om vi har kvar orättvisan och döden. Kan det då vara möjligt att vårt ofullkomliga jag skulle vara kapabelt till att omvandla ledsna känslor som kommer från att man bryr sig om någon och den kärleken man skapat, till hat och ilska för man förlorat något eller någon? DET ÄR GANSKA NATURLIGT ATT DET HÄNDER. Oavsett om världen är fri från ondska och kärleken regerar: om orättvisa fortfarande finns så kommer vi som bryr oss alltid att vilja förändra det till något bättre vare sig det handlar om att göra en liten förändring eller leda en grupp människor till en stor förändring. Vår kärlek till mänskligheten motiverar oss till att se orättvisan, och även till att omvandla ledsna tårar till arga tårar i vissa fall när vi förlorat någon vi älskat. Enda sättet och få ro hos dig själv, om du verkligen bryr dig, är att vända dig till någon kraft som är större än mänskligheten och som du tror starkt på kan rätta till allting.

Om det är meningen att vi ska leva, varför dör vi? Har du undrat det någon gång? Om vi säger som så här: föreställ dig att du på din Iphone har alla dina bilder, alla filmer, alla minnen, anteckningar och kontakter – allt som verkligen är viktigt för dig – men en dag så dör mobilen i en brand och dessutom så har du inte säkerhetskopierat på länge och allt du har där försvinner. Är det något som vi visste skulle hända? Nej, utan det är något som vi visste *kunde* hända. Men det är absolut inte meningen att vi köper en mobil för att inte kunna använda den. Meningen är att ha den så länge man kan, och vill man då byta ut den mot någon bättre så vill man hinna överföra all viktig information via datorn till den nya Iphonen. Är det då möjligt att tänka att när vi dör är det också meningen och slutet? Är döden en illusion? Många vandrar omkring och oroar sig så mycket för döden att de drar till sig döden i sina levande kroppar. Bristen här är inte döden, bristen här är vårt sett att se på döden, den tanken är inte medfödd. Den bristen i vår tanke och den sorgen i vårt hjärta är något vi lär oss på vägen.

När vi föds är vi inte medvetna om att vi också kommer att dö. Men om vi ändå lär oss att vi ska dö, vad har vi då chans att göra medan vi lever?

Nu kanske man liknar en psykopat om man inte skulle känna något för någon som har avlidit, och det är helt naturligt att man tänker så, men det är inte det som är poängen. Det väsentliga här ligger i att inte oroa sig för döden så mycket att man glömmer att leva, och det enda sättet att göra det fullt ut är genom att bygga upp en oförstörbar tro om vad som händer efter döden. Jag hade trott på något fint som gav mig hopp och ro, och inte sorg och depression. Det är naturligt att bli ledsen för att någon dör, precis som det var naturligt för dig att se dina föräldrar gå till jobbet varje morgon och själv vara tvungen att stanna hemma och vänta på dem. Det föll tårar som var blandade med ilska, rädsla och oduglighet ibland. Kanske hade man inte uppfattat när de skulle komma tillbaka, eller om de skulle göra det alls. Likaså är det naturligt att fälla tårar för en vän eller familjemedlem som ska flytta till ett annat land för alltid. Det innebär inte att man inte kommer att hålla kontakten, kommunicera eller att man aldrig ses mer igen, men ändå så gråter vi. Det är helt uppenbart för mig varför vi gör det. Där ligger den perfekta inställningen: i den imperfekta eller onaturliga handlingen. Det är alltså något som inte går ihop med vad våra känslor och vårt undermedvetna har associerat som naturligt i vår omgivning.

Vi har brister, och vi lär oss mer om våra brister på vägen, men vi lär oss även om våra gudalika egenskaper. Du har kraft att skapa, omvandla och förbättra alla egenskaper du finner är värdiga att ha hos dig. De egenskaper som du vill att någon annan återspeglar mot dig, ska du först själv utstråla. Och vill du även hjälpa någon annan att utveckla dessa egenskaper, se då till att du lever som du lär och föregår med gott exempel, så att ingen försöker leta efter dina brister, utan att de anstränger sig för att se dina fina egenskaper. Återigen: vill du att människor ska anstränga sig för att hitta det fina med dig, så ska du mer än självklart alltid vara den som anstränger sig ytterligare ett steg för att se det fina hos andra, trots deras brister, för jag lovar dig att du kommer att hitta dem. Som Jesus en gång sa: **"Fortsätt söka, så ska ni finna. För den som söker, han finner."**

Är brister en del av vår helhet? Jag skulle vilja hävda att nu är de det. Det som är onormalt ser vi som normalt, det som är onaturligt, ser vi som naturligt, vår kärlek till våra medmänniskor får oss att vilja se allt som normalt och naturligt. Vi ska acceptera det vi inte kan påverka, vi ska leva med det för det är ingenting vi kan göra för att stoppa den naturliga onormala bristen som finns i luften och som orsakar både död, sjukdomar och handikapp. Vi väljer att se det som normalt för att vår kärlek mot människor inte ska bestå av att vara partisk och diskriminera människor för deras handlingar och vad de i sin tur blir påverkade till att orsaka. Deras brister är en del av en större brist. Vi kan välja att acceptera det och gå vidare, eller så kan vi göra något åt det.

Är man optimistisk och fylld med hopp, så kommer vi som tror att allt är möjligt alltid att försöka hitta svar på dessa frågor och anstränga oss för att aldrig nöja oss med att se ilska, orättvisa, lidande, diskriminering, och särbehandling härja på denna planet.

Du kan göra något, det kan man alltid göra. Leta svar och nöj dig inte förrän du har hittat ett logiskt svar som du förstår, ett som ger dig ro och som motiverar dig till att börja agera. För ingenting händer förrän någonting annat händer först. En handling leder till en konsekvens och vill du förändra eller göra något så är det bäst att göra det genom att börja med dig själv.

Tror du på kärlek? Varför då nöja sig med döden? Din tro kan ingen ifrågasätta, din tro är precis vad du väljer att tro och alla har lika mycket rätt när det gäller den tro de väljer att se. Jag tror på kärlek, att den är för evigt, och då kan inte döden vara slutet, utan bara början. Samtidigt så väljer jag att tro på att detta liv på denna planet med dessa omständigheter och förutsättningar, lever vi bara en gång och vi vet aldrig när det tar slut. Därför väljer jag att hjälpa så många jag kan genom att hitta lyckan och leva ett bättre liv medan jag kan, innan det är för sent. Vad väljer du? I och med att du läser denna bok så vet jag att du har valt det livet du med. Du har insett att förändring börjar först och främst inifrån och att om man vill hjälpa andra så får man kontinuerligt hjälpa sig själv först. Sedan så sägs det att man lär sig i praktiken genom att hjälpa andra efter att man har hjälpt sig själv, så det är något vi gör konstant.

Brister finns överallt, men så är det med bra egenskaper. Vissa böcker är till för att tuggas, andra är till för smakas och vissa är till för att slukas upp helt. Detsamma kan man säga när det gäller människor. Om du anstränger dig och är observant nog så kommer du oftast att hitta goda egenskaper och finna kunskap bortom deras brister hos de personer som kommer att göra dig rikare. Jag hade en gång en chef och väldigt bra mentor som gjorde att jag utvecklade min karriär i snabbmatsrestaurangbranschen. Han gav mig ett av de bästa råden jag fått under min utveckling och det sa han i samband med att jag sa till honom att jag aldrig fått en och samma coachning från samma chef, utan att jag alltid haft olika chefer över mig. Då sa han så här: "I denna bransch är det tyvärr så att många kommer och går, men det ska inte stoppa dig, utan det är bara en styrka, för då har du en fantastisk möjlighet att plocka fram något bra från så många du kan och bilda din egen uppfattning som fullbordar vem du egentligen är."

Denna man heter Ali Haji, hans brist var klar och tydlig för väldigt många, och det var hans svenska uttal och grammatik. För mig så var det där hans styrka, för det visade och bekräftade gång på gång hur uppenbart och självklart det är att allt som människan tänker och anstränger sig för kommer den till slut att förverkliga. Ali Haji var då regionchef över en hel del snabbmatsrestauranger och han var respekterad av väldigt många, inte för att de var rädda för honom, utan för att människor tyckte om honom. Han är en inspiration och kommer alltid att fortsätta vara det för mig. Han är ett levande bevis på att allt är möjligt, och om han kunde lyckas så kan du med.

112

27. Tänk på att perfektion finns där, men alla ser inte det du ser

När man pratar om brister och en perfekt värld så kan man endast utgå från sin egen uppfattning och perspektiv. Du kanske tycker att det är helt okej att ge tillbaka hårdare med samma medicin eller värre om någon har sårat dig, det är helt okej! Så blev jag uppfostrad, jag har testat det. Min mor lärde mig när jag var väldigt ung att om någon slog mig så skulle jag slå tusen gånger hårdare, och på sätt och vis kan man förstå henne. Colombia under 1990-talet var ett land som var farligt: ungarna var alldeles för elaka och en ensam mammas rädsla för att något skulle hända mig tvingade henne att lära mig att försvara mig på det viset. Dock så uppfattade jag även detta som något som kunde användas till allt, inte bara att försvara sig, utan något som jag kunde senare i livet använda mot alla som jag tyckte hade gjort någonting illa mot mig, oavsett hur litet det var. Tanken på att försvara sig kunde i det här fallet övergå till hämnd och det här var då fortfarande helt okej med mig, men ju mer jag växte och mognade, desto tydligare upptäckte jag att ge tillbaka bra energi istället för negativ är ännu bättre. Det sägs att: **"The best revenge is massive success!" – Frank Sinatra**

Det kan jag bekräfta utifrån historier från andra, egna upplevelser och även testade principer och naturlagar som jag lärt mig på vägen, bland annat the law of attraction. Och om vi går tillbaka till en ännu äldre lag så kan man finna en princip som lyder så här: "Är din fiende hungrig, ge honom något att äta, är han törstig, ge honom något att dricka, för om du gör det hopar du glödande kol på hans huvud." Här vill jag tillägga att i de bästa fallen så ger du den dåligt samvete och till slut kommer personen att vilja veta mer om hur man kan vara så behärskad som du är och han som en gång var din fiende kommer nu att vilja vara din nya vän.

Romarbrevet 12:21 säger: "Låt dig inte övervinnas av det onda utan övervinn alltid det onda med det goda." Och nu vet du varför.

Så är någon perfekt om den personen kan känna empati, ånger, och är på nivå 10 på PDS-trappan? Det behöver naturligtvis inte vara så, då min definition av vad som är perfekt kan vara annorlunda än din, och det är då återigen helt okej!

Det är lustigt men inte konstigt att när man letar upp ordet "perfekt", så står det direkt att definitionen av perfekt kan variera från land till land. Varför tror du att det är så? Och hur kan man då göra för att veta vad som är perfekt och inte? Ha ditt samvete på rätt ställe så kommer ditt hjärta att visa dig vägen mot din inre perfektion.

Ingen kan tvinga någon att ändra på sina perspektiv och uppfattningar. Det är endast något man blir motiverad till när man jämför själv de olika alternativen, och efter ett klokt resonemang fattar rätt beslut. Jag personligen drömmer om en värld där människor älskar varandra nästan så mycket att vi kan kalla varandra för bröder och systrar och dessutom bete oss som det.

Ställ dig frågan: Är jag villig att offra vem jag är, för den jag vill vara? Om svaret är JA, så är du på rätt spår och från och med denna dag har du bestämt dig för att förändra världen genom att starta inifrån med dig själv. Du kan endast älska någon utifrån den kärlek du har, men det innebär inte att man inte kan älska någon till hundra procent bara för att andra inte ser dina hundra procent. Jag ska försöka illustrera här vad jag menar:

Om du har en bil som går på diesel, vad skulle då hända om du fyllde den med bensin? Den skulle inte må så bra efter det, eller hur? Om du älskar dig själv så visar du dig själv kärlek när du till exempel går och tränar, köper dig något nytt klädesplagg eller nya skor, och framför allt när du stoppar i dig hälsosam mat som din kropp mår bra av – till skillnad från när du kedjeröker, äter för mycket och för ofta och dricker till den grad att det bli ohälsosamt. De saker som du gör mot dig själv, oavsett om de är positiva eller negativa, är i längden precis det enda du kan göra mot någon annan, speciellt om du är i ett förhållande. Du kan endast visa den kärlek som du i slutändan känner till bäst. Det enda sättet för att visa någon annan kärlek är genom att lära dig att älska dig själv mer så att du kan tänka annorlunda och agera på ett annorlunda sätt.

Dina hundra procent av vad du anser är perfekt är bra, men nöj dig inte där: att förändra världen till en bättre plats är ännu bättre. Väx i din takt, men väx!

Om du inte kan springa – gå, om du inte kan gå – kryp, men oavsett vad du än gör: Snälla, sluta aldrig växa som person. Du kan bidra mer i denna värld genom att aldrig nöja dig med hur fin du blivit inombords. Det handlar om att vara villig att offra vem man är för att bli den man kan vara.

Här ligger det fina i att vara icke perfekt, och det är att vi alltid kan växa ifrån våra brister, man kan ju alltid nöja sig, men hur roligt är det? Kom ihåg att människan är som lyckligast när hon är på väg mot sina mål, alltså när vi växer som individer. Det jag vill säga är att om allt vore perfekt så hade jag nog inte ens behövt skriva denna bok. Jag väljer att tacka för bristerna, lära mig från dem och fortsätta växa, då jag förväntar mig konstant nya oplanerade och planerade utmaningar som inte någon annan förutom jag kommer att handskas med. Det är mitt ansvar och jag väljer att ta det på fullt allvar, det handlar om att hålla sig levande i en döende själ.

Varför ser inte alla det du ser? Är det viktigt? Eller är det viktigare att känna empati, och fatta att alla är olika? Brister är något som var och en väljer att se, då vi alltid har ett val när det gäller människor: vi kan välja att se deras fina talanger eller så kan vi fokusera på att se deras brister och misstag, men kom ihåg att det spelar egentligen inte någon roll vad du har gjort tidigare, det enda som betyder något nu är vart du är på väg, och du som individ har ansvar att förvänta dig det bästa av någon som inte har visat dig sitt bästa. Du har potential att få en annan människa att tro på sig själv och i och med det hjälpa den att se lyckan som gjorde dig rik.

Det viktigaste är att du kan se den klara bilden, att världen behöver att vi alla var och en tar ansvar för den energi vi konsumerar och även omvandlar. Vårt ansvar är att se till att vi omvandlar den neutrala energin till positiv energi och det i sin tur kommer att orsaka en stor förändring för hur vi alla utvecklas på denna planet.

Eftersom vi är olika så tänker vi oftast väldigt annorlunda. Det kan ha att göra med olika bakgrunder och kulturer, men om vi i slutändan tror på kärlek så kommer det att räcka och täcka upp för att vi ska kunna skapa en bättre värld trots alla omständigheter. En perfekt värld som fungerar, som utvecklas, som växer trots alla bekymmer, är det närmaste perfektion vi kan uppnå. Hur människor väljer att spendera sina liv är upp till var och en, vi kan endast visa ett gott exempel, och genom att konstant utvecklas visar vi att det är fullt möjligt att leva ett perfekt liv i en imperfektvärld. Vi ger dessa människor hopp, eller åtminstone de som är öppensinnade och förstår poängen med inspirationen och motivationen. Vad du har åstadkommit, din förändring och din utveckling kommer du snart märka har en stor påverkan på dina närmaste. Din familj och även dina vänner kommer att börja märka att dina tankar blev ord, att dina ord som du snackade så mycket om blev handlingar och att din personlighet sakta men säkert har förändrats till något så fantastiskt fint som man egentligen aldrig trodde på var möjligt. Du är hoppet, du är ljuset, se till att du lyser i mörkret och vart du än går för många kommer att kritisera dig och låtsas vara dina vänner, men du väljer helt själv vilka du vill ha i din krets. Du behöver varken vara omgiven av idioter eller omgiven av psykopater om inte du väljer att vara det.

28. Vore världen tråkig om allt vore perfekt?

Föreställ dig en värld där andra sidan av myntet inte finns. Gatorna är fria från fattigdom, arrogans, hat, överstolthet. Det finns inga våldtäkter, inga naturkatastrofer, inga psykiska eller fysiska sjukdomar, inga överfall, inga övergrepp, inga mord samt inga dödsfall, inga missfall och inga misstag. Bara positiv energi och kärlek sprids, inga kulturkrockar. Vad skulle det innebära för dig och mänskligheten? Hur skulle du trivas där? Där ingen klagade på arbetsplatsen, inga barn grät och inga äktenskap korrumperades av otrohet ...

Visst vore det fint? Alltid mat på borden för de fattiga människorna och barnen i de fattigaste länderna, global jämställdhet.

Jag skulle vilja antyda att vi alla, var och en som individer, har ett ansvar. Vi måste inse att det inte handlar om de saker vi inte kan påverka, det handlar om att fokusera på de saker som vi kan påverka, för att till slut göra en global förändring med ett korn i taget.

Människan är i grund och botten konstruerad på så sätt att den är kapabel till att skapa väldigt mycket endast genom att börja med att tänka på det och fokusera på det tillräckligt för att vi då eventuellt ska börja agera utifrån det vi kan påverka.

Så problemet ligger inte i att sträva efter en konkret generell perfektion. Vi har fått gåvan och även kraften till att börja redan idag att leva i ett paradis på jorden utifrån hur vi VÄLJER att tänka, SE och AGERA på saker och ting. Fokusera mer på tillståndet av att vara lycklig som du kan påverka, än på de tråkiga faktorer som du inte kan påverka.

117

Jag skulle vilja dela med mig lite av hur jag resonerar här, antingen så är det tråkigt eller så är det perfekt, det finns inget mellanläge, påståendena slår ut varandra och därför skapas det ingen möjlighet för balans. Antingen väljer du att ha det tråkigt i ditt liv, eller så väljer du att börja ha det riktigt bra genom att omvandla din värld till ett paradis på jorden.

Valet är ditt, välj rätt inställning.

Men hur skulle det bli om det inte fanns några utmaningar som får en att växa? Det skulle bli fantastiskt! Då har alla endast fler möjligheter till att utmana sig själva, för det är när du slutat att fokusera på nya utmaningar som du egentligen blir olycklig. Vi människor är konstant i en utvecklingsfas, oavsett om den är liten eller stor så utvecklas vi. Tänk till exempel på ett barn. Att lära sig att prata, uppfatta, resonera, och förstå är för oss uppenbara saker, men för barnet är det något helt nytt. När vi blir äldre fortsätter vi att växa på olika sätt i vår egen takt, det viktigaste är att du själv kan inse att du växer genom att lära dig att alltid uppskatta de små detaljerna och de stora utvecklingarna.

Självklart kommer de målmedvetna, driftiga och hungriga alltid att växa mer än de som inte är lika fiffiga, men det behöver inte betyda att vi står still. Det enda du behöver fråga dig är: Vem av dessa två personerna vill jag vara? Påhittiga människor växer snabbare och smartare, eftersom de inte väntar på att livet ska komma med utmaningar. Dessa människor räknar med att hela livet är en utmaning, så det blir nästan "tråkigt" när de inte står inför en sådan. Den riktiga utmaningen som kan få en sådan person att växa och bli väldigt lycklig är de utmaningar den individen skapar för sig själv, endast på så sätt kan en sådan person växa starkare. Du kanske känner igen dig lite.

Vinnarskallen i dig kanske kommer fram här nu, den del av dig som inte väntar på order eller åsikter från andra människor. Alla har konstant något att säga om något, men om vi skulle lyssna på allt som sas, så skulle vi förmodligen inte komma någon vart. Du som är en vinnarskalle har antagligen ett mål, en vision och är bara inställd på att ta emot information som hjälper dig, utvecklar dig och förflyttar dig från där du är just nu till den punkten du vill vara på enligt din vision. Jag gillar starkt Olof Röhlanders definition av en vinnarskalle som vi hittar i hans bok "Bli en vinnarskalle". Den lyder så här: "En vinnarskalle är någon som på begäran lyckas frigöra nödvändiga inneboende resurser för att maximera möjligheterna att uppnå ett visst resultat."

Vinnarskallar väntar inte på lösningar. De vet att lösningen alltid finns inombords, så därför är det helt orimligt att sitta och vänta på det perfekta tillfället eller den perfekta omständigheten för att agera. Istället väljer vinnarskallen att öppna ögonen och se möjligheten att konstant bidra med positiv energi i form av empatiska lösningar.

Så oavsett om du har hopp om en bättre värld som kan bli bekymmersfri i framtiden eller om du inte tror på att det kan vara möjligt, så kan du fortfarande göra någonting.

Människan som vet svaren, som tror på något men inte gör något med den nya kunskapen, är inte bättre än den människa som inte bryr sig om någonting. Det gäller verkligen att agera efter det man tror och hoppas på. Förhoppningar och en positiv inställning är bra, men om inte du agerar just nu så kommer ingen annan att göra det åt dig. Vänta inte tills alla pusselbitar hamnar på plats, vänta inte tills det är rätt läge att agera, vänta inte på rätt ögonblick att resa. Var smart när du väljer och bara kör.

Jag vet inte hur mycket du vet om fiske. Jag vet själv inte särskilt mycket, men föreställ dig att du går och fiskar makrill. Du fixar sardiner som bete och sedan så kör du. Hur skulle det sluta om du bara kastade fiskespöet endast en gång och väntade och väntade på att du fick napp utan att göra något annat? Visst skulle det vara rätt bra om man tog upp betet emellanåt för att kolla om det fanns kvar? Kan det möjligen vara så att många fiskar lyckats äta upp betet utan att man fick napp? Eller att vågorna och strömmen gjorde så att betet ramlat av?

Lite som i denna illustration kan man se klart och tydligt att till och med efter att du tagit olika steg på väg mot dina mål så handlar det i slutändan om hur disciplinerad och hängiven du är mot dina mål under resan som tar dig dit. Lite som när man fiskar makrill så finns det olika steg innan du ens kan kasta fiskespöet och sedan finns det ännu fler saker att göra under resan. Huvudsaken här är att oavsett om du behöver vänta på napp eller inte så finns det ändå olika saker som du måste göra för att säkra ditt bete – eller i det här fallet resurserna som kommer att hjälpa dig att lyckas åstadkomma dina mål i livet.

Om du endast väntar så händer det inget och det spelar ingen roll hur entusiastisk du är: väntar du på makrill utan att säkra ditt bete så kommer du att få äta grillat saltvatten till lunch. Var konsekvent även under resan och agera på den nivå av hängivenhet som fått dig att komma dit. Slappna inte av när du väl jobbar mot ditt mål, för så fort du börjar att göra det så kommer det du inte vill ha i ditt liv automatiskt att ta över. Det finns dock en lösning för att kunna slappna av lite även om du nu har ännu fler bollar i luften att ta hand om, och det är att jobba smartare.

Delegera, agera och eliminera.

Allt är inte perfekt. Därför lär vi oss konstant nya sätt att ta itu med våra problem, oavsett om det gäller ekonomi, relationer, familj, arbete eller vårt företag. En sak som är säker är att vi inte lever för att vi ska jobba, utan vi jobbar för att vi ska leva. Välj därför livet som du verkligen förtjänar framför allt annat.

För om du inte lever ditt liv, så kommer du endast att vara en liten del i någon annans liv.

Som Brian Tracy förklarat så finns det något som heter zero based thinking, vilket går ut på att ställa sig en fråga: Finns det något som jag gör idag, nu när jag vet vad jag nu vet, som jag aldrig skulle ge mig in på idag igen, om jag var tvungen att göra om det?

Det går ut på att mer eller mindre eliminera allt som lägger för mycket stress på dig eller som kräver för mycket tid från dig, och i det i här fallet sluta helt att påbörja nya misstag.

29. Måste det finnas kris för att möjligheter ska synas?

Vi pratar i detta kapitel om något som vi tagit upp tidigare i boken, nämligen att det sägs att i det kinesiska språket så är symbolen kris sammanflätad med möjlighet. Vi tog tidigare upp hur väsentligt det är för en person att omfamna kris och se möjligheterna som medföljer. Men måste det verkligen finnas kris för att se möjlighet? Hur skulle vara om det fanns ett par glasögon som visade för oss, exakt var möjligheterna gömde sig, för att vi på så sätt skulle kunna dra nytta av dem konstant? Visst skulle det innebära succé för våra relationer, vår ekonomi, och vår hälsa?

Föreställ dig nu att du har det bekvämt. Du har ett tryggt och fast jobb som täcker dina utgifter, ett jobb med bra anställningsförmåner och bra anställningsvillkor. Är att vara bekväm lika med att vara lycklig? Ställ dig frågan: Är jag verkligen lycklig med det jag gör? Många sitter och tänker precis som jag en gång satt och tänkte. Min dröm var egentligen att bli skådespelare när jag var yngre, jag ville lyckas i Hollywood som alla unga skådespelare också vill, och jag ville göra stora biofilmer globalt.

Jag åkte aldrig till Hollywood. Inte för att jag inte jagade min dröm, utan för att min uppfattning om var som var viktigt för mig i livet hade förändrats helt och hållet på vägen, vilket är ganska vanligt att det gör i 20-årsåldern när man inte vet vad man egentligen vill med sitt liv och förbiser det som egentligen är lyckan i ens liv.

Så jagade jag aldrig min dröm? Tro mig, det fanns bara en väg för mig att lyckas med den drömmen och målet som jag hade framför mig.

I 15-årsåldern så ställs alla barn i Sverige framför en av de största besluten i sitt korta liv, och det är: Vilken gymnasielinje vill du gå på? Jag hade stora drömmar och var målveten om att jag någon gång skulle bli skådis, men båda mina pappor var emot mitt beslut. Jag ringde min första pappa, han som också kallas morfar, för att berätta mina stora drömmar och det val jag hade tagit om att bli skådespelare. Han var inte stöttande. Jag minns hur han suckade och sa neeeeeej. Jag hade bott i Sverige i knappt två år, vilket gjorde att min överrealistiska pappa, alltså min mammas make, då var väldigt skeptisk inför om jag ens skulle klara att komma in på gymnasiet då jag inte hade några betyg alls den sista terminen i grundskolan. Jag hade alltså sex månader på mig att få minst C (eller G/godkänt) som det hette på den tiden. Han sa: "Du kommer aldrig att klara att komma in på gymnasiet med de betyg som du har, och det är inte rimligt att få upp betygen på så kort tid."

Jaga dina drömmar, utmana dig själv, och väx tillsammans med tiden för den blir bara fetare. Jag kämpade dag och kväll och till slut lyckades jag få upp mina betyg från icke godkänt till godkänt under endast en termin och jag lyckades komma in på teaterlinjen som jag ville, trots alla hinder och trots att mina största idoler inte trodde på mig. Jag säger inte det här för att skryta. Jag berättar det endast för att inspirera och för att ge dig som fortfarande funderar på om något är omöjligt HOPP. Hopp om att det inte finns något som är omöjligt så länge inte du väljer att vara din egen fiende.

Vad är bäst: Att ta risker och lära sig av sina misstag eller att aldrig riskera något på grund av bekvämligheten du redan har?

Låt mig säga dig en sak som du redan vet: livet är inte bara en fin bild av soluppgångar och regnbågar, det kommer att slå dig med alla olika sorters kriser och problem. Men livet är alldeles för kort för att man ska sitta och vänta på utmaningar. I tidigare kapitel har vi poängterat hur väsentligt det är att utmana sig själv. När du gör det så är du inte längre en del av livet, utan livet blir en del av dig, för du har kontroll. Vänta inte på kriser, livet passerar förbi alldeles för snabbt, och om du inte stannar och utmanar dig själv lite för att leva genom att ta risker, så kanske du missar att leva fullt ut som du egentligen drömde om när du var liten. Om du inte testar så vet du inte. Föreställ dig istället hur det kommer att kännas när du ser en kris som en utmaning, en möjlighet, och tackar livet för dessa fantastiska möjligheter istället för att tro att det är något dåligt.

Vänta inte på kriser, förvänta dig dessa möjligheter och pluspoäng och förberedd dig så gott du kan genom att kontinuerligt utmana dig själv för att kunna handskas med risker.

När det gäller pengar, så letar de flesta och mest duktiga investerarna efter kriser. De ser det som en möjlighet för att investera när allt säljs så pass billigt, och medan alla säljer så köper de mest duktiga analytikerna allt som de kan komma åt. Kommer du ihåg börskrisen 2008? Det fanns en stor möjlighet för den som visste vad man skulle göra för att omvandla sitt guld till diamanter. Och många lyckades till och med förutse kraschen, men ingen trodde på dem. Slutade dessa människor att tro på vad de kunde förutse? Nej, för deras kunskap var redo för att användas. Det var alltså inte tur, utan det var en kombination av erfarenhet och riktad kunskap som bara låg där och väntade på möjligheten. När den väl dök upp, så fanns det inget annat än att bara kräva in det som dessa personer redan hade förtjänat.

Ser du kopplingen? Vi har tillägnat nästan hela boken åt att prata om inställning, principer och naturlagar, och i den ordningen som vi gjort det på, så ger det oss ett nästan klart recept på hur du kan lyckas med relationer, hälsa och även pengar.

Så leta efter kriser och våga ta risker, för de är möjligheter. Om du har rätt inställning: ännu bättre! Utmana dig själv så att du hamnar i ett läge där du tvingar dig själv att växa och tänka annorlunda.

Ännu viktigare att veta är att om du inte växer så kommer inte livet att bli lättare, det kommer att bli tuffare.

30. Kan man ligga ett eller flera steg före?

Vi har gång på gång tagit upp hur viktigt det är att planera och varför, det är det enda sättet du kan vara ett eller flera steg före och när kriser väl dyker upp, då kan du vara en person som ser möjligheten och tar vara på den chansen.

Min plastpappa, jobbade på i nästan hela sitt liv, så han visste en grej eller två om ekonomi. En dag så sa han till mig: "Varför tar du inte ett lån?"

Det sa han i samband med att jag behövde pengar till att resa och till mitt körkort, och eftersom jag aldrig tagit ett lån tidigare så svarade jag: "Nej, varför ska jag göra det?" och jag lade till: *"Jag kommer aldrig att ta ett lån."*

Lustigt nog några år senare så tog jag mitt första lån, och där och då bestämde jag mig för att om jag ska låna så är det endast för att investera i mig själv, så jag kunde tänka mig att låna för till exempel, utbildning och karriär. Jag fick känna hur det är att betala av ett lån och hur det är möjligt att fortsätta leva ett normalt liv. Det jag fick lära mig från det är att ett lån inte innebär mer stress och mer jobb. Om du är villig att minimera dina utgifter och slösa mindre än det du gör idag så kommer du knappt att känna av lånet. Det handlar om levnadsstandard och självklart: skulle du vilja behålla samma levnadsstandard så kommer du till slut att behöva jobba mer för de extra utgifterna som ett lån kommer med.

På senare dagar har jag varit tvungen å ta fler lån. Det är en sak de flesta måste inse: det handlar inte om hur många lån du tar, det handlar om vad du gör med lånen efter att du tagit det. Hur sparar du in på kostnader, och hur hjälper lånet dig att få mer intäkter? Ställ dig frågan: Är det här lånet verkligen en investering? Om jag inte skulle kunna jobba mer för att betala av det här lånet, kan jag då sänka mina kostnader genom att minimera mina utgifter och klara mig ändå?

Vad händer om du verkligen bestämt dig för att du ska ändra på allt och börja investera, och du vill ta ett lån men blir nekad? Framhärda, var envis och persistent. Det värsta du kan få är ett nej, men varje nej tar dig ett steg närmare ett ja.

Du kan vara många steg före, men har du inte rätt inställning så kommer du inte att våga vara det. Fokuserar du endast på det dåliga som kan hända så kommer du inte att kunna förflytta dig framåt i den här processen. Var realistisk men sluta aldrig att vara optimistisk.

De flesta tar lån, men eftersom människor tar lån för att spendera istället för att investera så lever dessa människor i en illusion, en illusion som kallas "the rat trap" Och ännu värre är att det finns människor som tror att genom att jobba mer och tjäna mer kan de undvika illusionen, men sanningen är att när dessa människor spenderar ännu mer tid för att jobba för pengar så hamnar de ännu djupare i fällan. När du jobbar för pengar så är du en pengaslav, och när du jobbar ihjäl dig för att tjäna ännu mer pengar så är du endast en välbetald pengaslav.

Självklart finns det något som är bättre än att låna, men jag skulle vilja hävda att ett lån kan vara ett steg närmare din personliga utveckling. Det kommer att ge dig likviditet, och så länge du betalar och gör bankerna nöjda så kommer du att bli erbjuden ännu fler möjligheter för att investera pengarna som du lånar. Banker älskar individer som betalar tillbaka, och det gör även privata investerare. Det är det som är ännu bättre än att låna: att söka privata insatser och investeringar. Det kan du göra på väldigt många olika sätt. Det finns tusentals människor där ute som konstant letar efter nya ställen att investera sina pengar på, och som är medvetna om riskerna. Kan du bevisa att du kommer att lyckas innan du har lyckats så kommer dessa människor att ge dig så mycket som du behöver. Kom ihåg att en miljon för någon som äger biljoner inte nödvändigtvis behöver betyda mycket pengar ut, istället betyder det för dessa människor mycket pengar in. Har du då en bakgrund med väldigt bra referenser från banker och ett bra rykte så kommer det att uppskattas väldigt mycket av någon som vill investera sina pengar. Du kan enkelt ställa dig själv följande fråga om du vill investera: Skulle jag vilja lägga mina pengar hos någon som vet vad det innebär att betala tillbaka lånade pengar, och bättre än så, har lämnat tillbaka ännu mer avkastning än förväntat?

Så vad behöver du undvika, och vad är det som avgör om du kommer att vara flera steg före? Det är en kombination av hur du skapar passiva inkomster sammankopplat med visdomen om hur man behåller eller snarare sagt återinvesterar intäkterna.

Passiva inkomster går att skaffa sig från olika håll, till exempel fastigheter, självgående bolag, aktier, böcker, network marketing, men inget av detta gör dig ekonomiskt framgångsrik om du spenderar mer än vad du får in och om du inte återinvesterar 10 procent av allt du tjänar direkt när du får intäkterna.

Har du svårt för att låta bli att köpa nya grejer och minimera dina utgifter? Då handlar det endast om en egenskap som vem som helst kan bli bättre på. Det handlar om självbehärskning, alltså disciplin. Det jag rekommenderar starkt är att du i så fall går tillbaka till kapitel två i boken och börjar sätta igång att applicera alla de praktiska tips som står där och som kan hjälpa dig genast att bli mer disciplinerad och självbehärskad.

Med denna bok kommer du inte att vara *ett* steg före, utan så fort du börjar sätta igång principerna i denna bok så kommer att du vara *flera* steg före i många olika lägen och för många olika syften, vare sig det handlar om att skapa bättre relationer, ekonomisk frihet eller bättre hälsa som kan bidra till det liv som du egentligen förtjänar.

En person som är målmedveten och som vet vad den vill i livet, vet något som ingen annan vet. Den vet med all säkerhet att den kommer att uppnå sina drömmar och mål oavsett vad. Naturligtvis varierar denna inställning från person till person. För vissa är den starkare och för andra betydligt svagare, men en sak som är säker är att en bestämd person har en tendens att vara konsekvent och inte ge upp. Det möjliggör och utvidgar chanserna för denna person att vara inte bara ett steg utan flera steg före många andra som inte vågar göra tvärtom och som endast följer strömmen.

Det är svårt, självklart kommer du att stöta på motgångar och hinder på vägen, dessa hinder kommer att komma i olika former och personer. Personer som dessvärre har en mycket bra tunnelseendeförmåga, vilket gör det omöjligt för dem att utvidga sitt perspektiv och se bortom tunneln. Bara fortsätt gå vidare. En sak som jag lärt mig under min resa är att om inte en person vill ha hjälp, så kan du inte tvinga på dem hjälp. Hur hårt och tufft det än låter, så måste du gå vidare.

Kom ihåg att människor som är värda att hjälpa är människor som vill ha hjälp. Din tid här är alldeles för kort för att slösa den på människor som inte kommer för hjälp, utan endast för att distrahera dig från att hjälpa andra människor som verkligen VILL ha hjälp. Du kanske tänker på någon just nu som du tycker skulle behöva hjälp. Kommer du på någon? Bra, men ha i åtanke att skillnaden mellan att vilja och behöva är stor. Behöver du så kanske du agerar och faktiskt går och tränar för att lindra smärtan i nedre delen av ryggen, precis som läkaren har rekommenderat dig att göra. Men VILL du så kommer du att agera trots att du inte känner någon smärta än.

Återigen kan jag inte anmärka nog hur väsentligt det är att inte låta behövande människor ta dig ett eller flera steg tillbaka efter att du är flera steg före dem med visdom och kunskap. Du har verkligen inte den tiden att förlora, tro mig.

Det handlar inte om att vara flera steg före, det är ingen tävling mot någon annan, endast mot dig själv som person. Dina förmågor kan alltid bli bättre för att du kan bli smartare. Om du växer som person så blir du stor och stark i både sinne och hjärta. Du tävlar endast mot dig själv och vill du vinna ditt race så gäller det att visa för dig själv vad du går för och ta dig igenom dina egna kamper. Du valde den vägen och endast du kan ta dig ur den. Men frågan är: Behöver du det? Eller VILL du det?

Ett annat sätt som du kan göra för att vara ett eller flera steg före är genom att konstant applicera de principer som finns i denna bok, och sätta upp som mål att hålla dig på nivå 10 i PDS-trappan så länge din kropp orkar.

Jag kan dela med mig av den gången som jag försökte skapa min egen webbsajt. Det tog mig exakt en vecka via gör-det-själv-videon på Youtube och äntligen – efter att jag lyssnat på en väldigt komisk indisk-engelsk dialekt, och efter att jag äntligen fick till det som jag ville – så var jag klar. En hel vecka tog det alltså för mig. Men en dag när jag kommit från jobbet så skulle jag redigera lite av webbsidans innehåll och av någon oförklarlig anledning så råkade jag trycka och vända på någon inställning som gjorde att allt bara försvann. Puff, sa det bara. Min reaktion? Äsch, vi kör igen. Det tog mig en timma och tjugo minuter att göra om webbplatsen igen. Hur kommer det sig? Utöver det att jag denna gång såg det som en rolig utmaning och tänkte: "Hur snabbt kan jag göra det igen?" så visste jag denna gång exakt vilka videofilmer jag skulle söka på, jag visste exakt var hela mitt fokus skulle läggas och sedan så var jag även mer självsäker på vad jag behövde göra. Jag var förberedd och låg många steg före på grund av den kunskap som jag redan hade.

Det du lär dig kan ingen ta ifrån dig, bara du. Och i den här berättelsen används även lagen om handling och konsekvens.

Hur många steg före vill du vara? Har du all tid i världen för att bara gå runt och hoppas på allting? Ditt liv, ditt val och dina beslut gör du med precis som du behagar.

Om vi tog flera kunniga människor och blandade in någon som inte är så kunnig i deras umgänge, vad skulle då hända med den personen som inte är så kunnig? Den skulle bli vis och ganska snabbt börja reflektera över vissa egenskaper som gruppen utstrålar. Och varför tror du att människor som är flera steg före i sin tur letar efter personer som är före dem? Det är för att de vill behålla sin styrka och inte bara det, de vill även fortsätta växa i samma riktning. Så vem är då ansvarig för att en okunnig person ska växa och förbättra sig? Endast den själv. Eftersom vi nu vet att kunniga människor endast letar efter likasinnade och ännu bättre människor att efterlikna, så fungerar det på samma sätt för en person som inte är så kunnig: den behöver också se sig omkring och leta efter personer som redan reflekterar de förmågor som den vill uppnå.

Alltså är det fruktansvärt stort när en person som är flera steg före vill lägga ner tid på att hjälpa dig. Låt inte den chansen flyta bort, utan omfamna den och ta nytta av den för det händer väldigt sällan. Omge dig med människor som är flera steg före på den väg du är på väg, och verkligen ansträng dig för att förbättra dina nuvarande egenskaper så att du kan växa tillsammans med dem. Vem vet, du kanske lär dem en grej eller två om de är öppna för förslag och om de är äkta visdomssökare.

31. Tio bra saker som leder till RELATIV perfektion

1) Brister gör dig perfekt.

Perfektionen i den här världen kan vi bara uppnå via våra brister. När vi accepterar dem, när vi lär oss att leva med dem och sedan när vi lär oss av dem. Inte bokstavligt talat, utan bildligt talat, så kan vi endast nå en perfekt icke perfektion. Lär dig att älska dig själv för den du är, och börjar agera utifrån det. För är du fylld med kärlek så har du mycket kärlek att ge och ju mer kärlek du sprider runt om dig, desto mer kommer det att komma tillbaka till dig. Acceptera dig själv för den du är, och sikta alltid mot förbättring utifrån där du är. Öppna dina ögon och lär dig av dina misstag. Tror du att du kommer att begå samma misstag igen? Mycket möjligt, men så länge du är medveten om det så kommer du att sträva för att inte göra om dem igen, och det är väl tanken som räknas?

Ja, det gör den, för allt börjar med en tanke. Men en tanke förblir precis vad den är, nämligen en tanke, om du inget gör.

Skriv ner din tanke och börja jobba med förbättringar, för när du väl har lagt ner din tanke på papper så har du gett den liv.

2) Att tro på dig själv.

Trots att du vet dina brister, så blir det väldigt svårt att må bra med dig själv, om du inte tror på dig själv och på vad du är kapabel till. Därför är det så viktigt att regelbundet uppmuntra sig själv och att komma ihåg lite då och då de redan befintliga saker som man har gjort och åstadkommit hittills. Du behöver inte skryta om det, men bara genom att ta dig en tankeställare och meditera på hur du kommit dit, så kommer bara det att lyfta upp ditt självförtroende, därför att du visar gång på gång att du är kapabel till så mycket mer än du trott. Har du gjort bra ifrån dig någon gång? Givetvis har du gjort det. Oavsett om det är litet eller stort så har du med all sannolikhet känt att du mår som världens bästa efter att du har utfört något. Det är precis den känslan jag vill att du går tillbaka till då och då för att hålla uppe ditt självförtroende på vägen. Tro mig, du kommer att behöva fokusera på det positiva det mesta av tiden och så fort du slutar fokusera på det positiva så kommer det negativa alltid att ta över ...

3) Hur du ser på kriser spelar roll. Sättet du upplever en kris på kommer att med stor sannolikhet avgöra om du är redo för förbättring. Kris är motivation, men den blir inte motivation förrän du kan acceptera den precis för vad det innebär. Det innebär kris, katastrof, olycka, trötta dagar och slösad tid. Du står nu i en maktposition, du har nu kontrollen över att besluta dig här och nu för att aldrig behöva må sådär igen.

Var ledsen, känn dig arg, känn dig lurad och känn dig liten – det är superviktigt när vi går igenom något som har resulterat i en kris. Ställ dig frågan: Vill jag verkligen må så här? Hur kan jag må så här? Och vad kan jag göra för att aldrig någonsin behöva må så här igen? Ibland behöver vi nå botten för att nå toppen!

4) Hur du agerar i en kris gör dig hel.

När du accepterar krisen för vad den är och du har rätt inställning, så kommer det att motivera dig till att agera för att aldrig någonsin behöva må så dåligt igen, eller åtminstone att sträva efter det. Det kommer att tvinga dig att växa och leta fram verktyg för att vara förberedd inför nästa kris och kriga på ännu hårdare mot dina mål, trots att du nu vet att kriser kan inträffa.

Du är inte komplett än. Du saknar svar, du har den rätta inställningen, men kan fortfarande begå samma misstag igen om du inte vidtar åtgärder. Det är som att veta att du skulle behöva gå till tandläkaren för att du har ont i tanden, men ändå vara envis nog att inte gå dit. Ungefär så är det efter att du accepterat krisen för vad den är: du lär dig och du bygger karaktär, dessutom blir du envis. Men varför vara envis när du kan vara VIS. En vis person i det här fallet söker hjälp inte bara hos sig själv, utan även hos andra. En vis person accepterar sina brister och söker sig till människor som kan mer, som är smartare och som kan visa andra verktyg för att komma från misslyckanden till förbättring. Och det är så eleven blir läraren.

5) *I don't make the rules*.

Samhället är byggt på ett sådant sätt att reglerna redan är beslutade, ungefär som i en fotbollsmatch. Du går inte in och spelar fotboll och hittar på nya egna regler som är anpassade efter dina förutsättningar och som ger dig fördel. Visst gjorde man kanske det när man var liten, det kallades i det här fallet för fusk. "Ger man sig in i leken så får man leken tåla", och det innebär dess regler och förutsättningar. Hur kommer det sig att oavsett vilket land du än talar om så går det alltid att hitta framgångsrika människor som har lyckats trots allt? Och visst är det så att kommunalskatten och företagsskatten är lägre någon annanstans? Hur vi än vänder och vrider på det,

132

så hittar vi exemplariska förebilder som har bevisat gång på gång att allt går om man vill. Du behöver inte bryta reglerna och inte heller själv skapa dem.

6) *But I do know how to play the game.*

Här är det som vi har att jobba med och vårt största fördel: ingen annan än du själv kan begränsa hur bra du kan bli på något. Det innebär att endast du sätter gränsen för hur duktig du blir på att spela. Oavsett om det gäller en fotbollsmatch eller om det gäller livets krokiga vägar mot framgång. Gång på gång visas det från person till person att det är möjligt att bli framgångsrik på grund av en enda anledning, och det är att om andra har lyckats trots reglerna så kan du också lyckas. Oavsett hur gammal du är, så har du varje dag en ny chans att börja leva igen. Återigen: människan är som lyckligast när den har ett syfte och är på väg någonstans. Eller kom du hit endast för att dö igen och värma stolen? Varför säger jag "igen"? Har du någonsin upplevt deja vu? Det finns många olika förklaringar enligt forskningen till varför deja vu sker. Eftersom det är mer motiverande så väljer jag faktiskt att tro på att du redan varit här och att du nu har fått en till chans att leva igen, att göra om och göra rätt. Så oavsett hur gammal du är, så kan du bli en grym spelare, vilket syfte du än har. Det sägs att man endast behöver fem år, alltså tiotusen timmar, för att bli duktig på något, så hur gammal är du om fem år om du bestämmer dig för att bli duktig på något? Och hur gammal är du om fem år om du inte gör någonting? Jag skulle vilja påstå att människor som slösar sin tid på meningslösa ting faktiskt blir äldre snabbare än människor som förnyar sin kunskap. Och det har direkt att göra med de praktiska materialistiska sakerna som de flesta av oss behöver. Bland annat pengar. Lär dig om pengar, om hur du sparar pengar, om hur du investerar pengar under fem år och tro mig, efter det så kommer du att ha pengar.

7) Du behöver inte återuppfinna hjulet.

Det finns naturlagar, principer och moderna metoder som går att följa för att åstadkomma succé. Att acceptera att du inte behöver skapa nya metoder, sparar dig ännu mer tid under denna korta period du har, den som vi kallar för livet. Den är verkligen inte lång, och du har inte någon tid att förlora. Kom ihåg: det är bra att vara envis, men det är bättre att vara vis. Så om du inte behöver återuppfinna hjulet, vad kan du då göra för att nå framgång? LÄS, läs och läs. Gör du bara det så står det faktiskt i det du läser vad du ska göra, och vissa fall så står det till och med fraser som inte bara säger till dig hur du ska göra, utan även motiverar dig till att agera. Det underlättar så enormt mycket för alla där ute som vill nå framgång. Det är inte det enda steget, men det är en väsentlig praktisk ingrediens i vårt recept för framgång.

8) Om du har brister, så är du inte ensam.

Att veta att alla har brister är en sak, men att kunna acceptera människor med brister visar att du har mycket kärlek att ge. Det kommer till slut att förflytta dig närmare din perfekta icke perfektion. Hur mycket tror du att det perspektivet kommer att hjälpa dig att leva ett lyckligare liv?

9) Acceptera att alla inte kommer att se det som du ser, och gå vidare.

Försök inte att överföra dina nya tankar och din kunskap på någon som inte är villig att utvecklas eller vill förändras. Sådana människor kommer förhoppningsvis förr eller senare att ta tag i nya sätt att se på genvägar och lösningar, men just nu är de varken redo eller mottagliga för dina lösningar. Du ska endast motivera, inte argumentera, så låt oss nu respektera allas olika perspektiv.

Som vi tidigare har pratat om så är energitjuvar ett slöseri med tid, och ju snabbare du inser hur dessa personer är, desto snabbare kommer du att lägga din tid och dina resurser på bättre saker. Det är enklare för dig att acceptera dessa människor för vad de är, men tappa aldrig hoppet om vad de kan bli. Det är bara inte rätt tid just nu. Min favoritbok säger: "Det finns en tid och plats för allt."

Jag tittade på en film igår som många av er nog har sett. Den heter Benjamin Buttons otroliga liv. Det var lite av en kärleksberättelse i den, och det lustiga var att kärleksparet under nästan hela filmen älskade varandra, men på grund av olika omständigheter så var de i olika livsperioder, vilket gjorde att de inte kunde bli tillsammans, tills en dag när bägge matchade varandras tidpunkt och då hände det ... Det var den perfekta tiden i bådas liv som gjorde att de kunde uppleva den perfekta tidsperioden med varandra.

Vad jag vill komma till är att alla har en eller flera perfekta tidpunkter i sina liv för att växa och utvecklas. Jag brukar oftast säga att din framtid inte är nu, men den perfekta tiden till att skapa din framtid är NU. Bara för att du ser det, behöver inte energitjuven se det. Det är inte hans tid än.

10) Sortera, delegera och prioritera.

Att veta vad som är viktigt i ditt liv kommer att hjälpa dig att nå framgång, oavsett hur ofullkomlig du är. När du sorterat så kommer du att prioritera och till slut att delegera, alltså ta hjälp av andra som är smartare och vet bättre, för vi vet mycket, men det finns alltid någon som vet mer. Att vara mogen nog för att acceptera denna sanning kommer att spara dig tusentals timmar på inlärning och göra mer plats åt det viktiga. Henry Ford är endast en av många människor i historien som är ett bevis på denna teori.

Under världskriget publicerade en Chicago-tidning vissa artiklar där bland annat Henry Ford kallades för en "okunnig pacifist". Ford tyckte inte om anklagelserna så han försvarade sig. Advokaten satte honom i vittnesbåset för att bevisa för juryn att han var okunnig. Advokaterna frågade Ford en stor mängd allmänna frågor, alla avsedda att bevisa, med egna bevis, att han, trots att han hade mycket specialistkunskaper avseende tillverkning av bilar, i huvudsak var okunnig.

Ford fick frågor som: "Vem var Benedict Arnold?" och "Hur många soldater skickade britterna över till USA för att lägga ner upproret 1776?" Som svar på den sista frågan svarade Ford: "Jag vet inte exakt antalet soldater som britterna skickade över, men jag har hört att det var ett betydligt större antal än de som kom tillbaka."

Till sist blev Ford trött på dessa frågor, och som svar på en särskilt offensiv fråga lutade han sig fram, pekade med fingret på advokaten som hade ställt frågan och sa: "Om jag verkligen skulle vilja svara på den dumma fråga som du just ställt – eller någon av de andra frågorna som du ställde – så måste jag påminna dig om att jag har en rad tryckknappar på mitt skrivbord och genom att trycka på rätt knapp kan jag tillkalla män som kan svara på vilken fråga som helst som jag vill ställa. Så kan du vänligen berätta för mig, varför jag borde fylla min hjärna med allmän kunskap för att kunna svara på frågor, när jag har män runt mig som kan ge mig specifik kunskap när jag behöver det?"

Det var verkligen bra logik i det svaret.

Det svaret sopade bort advokaten. Varje person i rättssalen insåg att det svaret inte kom från en okunnig man, utan en utbildningsman. Någon som är utbildad vet var man kan hämta kunskap när man behöver det, och hur man organiserar den kunskapen i konkreta handlingsplaner. Med hjälp av sin master-mind-grupp hade Henry Ford enligt sitt uppdrag all den specialkunskap som han behövde för att göra honom till en av dem rikaste männen i USA. Det var inte nödvändigt att han behövde besitta all denna kunskap själv.

VII. Meningen med livet är att leva ett liv med mening

32. Hitta din grej innan fel grej hittar dig

Vad vill du bli när du blir stor? De flesta av oss har någon gång under barndomen fått denna fråga och många svarar genast med ett yrke och tror att det kommer att definiera vilka de är.

Nästa fråga som dyker upp i mångas liv är: "Vem vill du bli när du blir stor?" Svaret kopplar man oftast direkt till någon annan person som redan åstadkommit det man själv vill uppnå, kanske ens förälder, men här vore det bra om man grävde lite och faktiskt svarade på vilken sorts person man vill vara när man blir stor, kanske bättre än din förälder?

En till fråga som dyker upp är: "Vem är jag?" Om du är villig att offra vem du är för den du kan bli, så är du rätt person.

Hur hittar man sin grej? För att hitta din grej så måste du först hitta dig själv. Därför är det viktigt att du lever fullt ut, att du vågar ta risker, att du satsar på dig själv och livet som det är.

Det är när jag varit under de svåraste tiderna i mitt liv som jag egentligen har blivit starkare och utvecklats, och varje gång har jag verkligen letat svar på vad jag kan göra för att aldrig hamna i samma tillstånd igen, för att aldrig någonsin behöva må så igen, och jag har hittat det. En grej som jag är säker på, det är att du som läser denna bok – till skillnad från resten – är en person som vet att din grej inte är att jobba för pengar tills du blir 65 år för att sedan inte ha energi kvar för att kunna njuta av vad du kan göra med dem.

Det sägs att man ska hitta något att göra som man älskar så mycket att man gör det gratis, och bli så duktig på det att människor till slut ger dig pengar för att tacka och uppskatta vad du gjort. Vissa tar emot det och andra som inte behöver det tackar nej. Exempelvis Dalai lama. När de ville ge honom pengar för att skriva en bok om honom så tackade han ja till boken men nej till pengarna.

Pengar är inte allt, men det hjälper de flesta med det mesta. Du kan välja att acceptera din verklighet utan att ha råd, utan vård, utan skor, utan mediciner, utan el, utan internet, utan något, och gå och bo i skogen – eller så kan du leva bekvämt. Notera nu att jag inte ens behövde dra upp lyxhuset, drömbilen eller drömresan med drömpartnern.

Välj din verklighet. Ingen är mer rätt eller fel, men tufft kommer det att vara i vilket fall, och hinder kommer du att få ändå. Varför då göra det? För att det är värt det.

Vi har observerat att det är mycket lättare att jaga sina drömmar om du vet vad du drömmer om. Har du ingenstans att sikta så kan det bli svårt att uppnå din dröm.

Har du ingenstans att sikta, så är det lugnt det med. Du slösar inte tid, och du behöver inte heller stressa över det. Alla är olika och just därför utvecklas vi allihop i vår egen takt. Du har kontroll tills ditt bättre jag tar över. Det finns alltid en bättre version av dig än den du redan är. Och när den personen träder fram så kommer du att veta vad du egentligen drömmer om.

Din grej är okej oavsett vad den är. Men det är allas ansvar att slåss för kärleken, för en bättre värld, för att hoppet inte ska försvinna, för att livet ska bli bättre trots att världen blir sämre, för att kämpa för allas frihet, för att vara rättvis, för att inte döma, för att se ljuset i det mörka, för att älska, för att leva fullt ut – men framför allt för att visa någon annan än dig hur du också blivit framgångsrik och lyckats! Den du minst anar går troligtvis igenom något väldigt tufft och svårt just nu, så håll inte allt för dig själv. Vem kan du komma på? Tänk ut två personer just nu som du tror skulle få sitt liv förändrat drastiskt genom att veta vad du nu vet? Vad skulle det innebära i deras liv?

Stoppa din läsning i några minuter, och ring dem! Du har ansvar!

Hur vet du när du har hittat din grej? Det är som att hitta din äkta kärlek: du letar och letar men finner endast besvikelse efter besvikelse, men det du inte vet då är att du växer och växer. När du blir redo så kommer kärleken från ett ställe som du inte ens hade föreställt dig, och från ett håll som du inte hade tittat åt.

Den dag du har hittat din grej, kommer du att ha vuxit så pass att du inte längre är rädd för risker. Risken är endast en illusion som du inte känner på dig då. Du har då byggt upp självförtroendet som du behövde under alla dina år. Och visst ska man ta risker, men när det gäller DIN GREJ, så kommer du känna att den inte är en risk i sig, utan att det är en risk om du inte ägnar dig åt den!

Jag har hittills i mitt liv jobbat som reklamutdelare, trädgårdsmästare, städare, produktionsledare, arbetsledare, statist, skådespelare, restaurangchef, lagledare, webbutvecklare, personlig tränare, kostrådgivare, tävlingscoach, gruppinstruktör, kassabiträde, leveransansvarig, montör, truckförare, författare, utesäljare, telefonförsäljare, NML, mötesbokare, konsult, med marknadsföring och bokföring, och denna lista kommer säkert att växa ... Jag kommer precis som du som läser detta att äga fler fastigheter och bolag, aktier, gym, mer mark, etcetera ...

Men ingenting av det jag gör eller har definierar min grej, för min grej är att sprida kärlek och i allt jag gör, ser jag till att jag tar på mig det ansvaret.

Det är normalt att många människor ser sig själva som osjälviska och omtänksamma när de sätter andra människors prioriteringar före sina egna, det är suveränt! Men bekymret uppstår när dessa personer oftast förväntar sig något tillbaka, speciellt från de som står dem närmast.

Hur tror du att dessa människor mår innerst inne när de inte får tillbaka vad de har gett i form av kärlek? De är snälla människor som går miste om en princip och missuppfattar en annan.

Principen de inte förstår helt är: "Det finns mer lycka i att ge än att få". Vissa människor försöker ge allt de har, oavsett om det är mycket eller litet, för att försöka må bättre med sitt ego, med sig själva. Vissa donerar till och med en stor summa pengar till välgörenhet, men det tar inte bort deras sorgliga och deprimerande tillstånd. De förväntar sig att de ska få något magiskt mirakel från Gud, men tyvärr så är motiven bakom deras handling helt fel.

De går miste om en väsentlig punkt, och det är: "Du fick gratis, då måste du ge gratis." Därför bör vi ständigt ha en tacksam inställning för det vi redan har. Eftersom människor som ger och mår dåligt oftast förväntar sig något tillbaka och känner sig ofullbordade, måste de nu fråga sig: Vad är mitt syfte? För att kunna känna ro och kunna ge av rätt anledning så behöver en person först veta vad den vill och varför, om den bara gör som alla andra säger så kommer receptet sakna en viktig ingrediens, och det är viljan som kommer inifrån en själv, motivet som får dig att börja agera och uthärda även när det blir tufft på din resa mot framgång.

"Sikta mot månen, för även om du missar så kommer du att hamna bland stjärnorna." – Les Brown

Hur du än tolkar detta citat, så kan du troligtvis hålla med om att det handlar om att sätta höga mål och skapa drömmar som tvingar dig att växa, för oavsett om du inte landar där du tänkt dig, så kommer du åtminstone inte att hamna på en värre plats än den du var på när du bestämde dig för att växa.

I ditt liv så kommer det att dyka upp oförutsägbara händelser som kommer att kollidera med den resa du tänker göra. Det är i och under dessa stunder som du måste säga till livet: Flytta på dig. Jag ska dit, och varken du eller någon annan kommer att stoppa mig, för jag vet vad jag vill och jag vet vart jag ska!

Det som är hemskt – och jag vet inte om man ska kalla det för en oönskad frihet istället för en fri vilja – är att det finns mördare, våldtäktsmän, psykopater, nekrofiler och pedofiler som också har samma rättigheter att jaga sina drömmar eller motbjudande och otäcka mål, och dessa människor vet lika väl som du och jag konsekvenserna av sina handlingar. Och oavsett hur hårda straffen är så kommer det att dyka upp fler och fler människor som är hemska och vill andra illa. Den tragiska möjligheten finns redan vid födseln, och det är för att vi kommer till en värld som har både gott och ont. Jag hoppas bara av hela mitt hjärta att du hittar din grej innan fel grej hittar dig. Du kan bli psykisk sjuk när du låter miljön, det förutflutna och omständigheterna bestämma över dina handlingar.

33. Hur vet jag att det är rätt väg?

Hur vet man vad som är rätt väg? Det kommer att kännas rätt. Det är alltså en känsla som kommer att vara hos dig i allt du gör, något som nästan liknar ro i kombination med ditt kärleksfullaste du. Och det är helt okej att inte ha hela livet planerat på ett papper, alla dagar fyllda med uppdrag, alla timmar fyllda med ett syfte. Du kanske inte vet vart du ska men det spelar ingen roll så länge du är nöjd och lycklig med var du är. Men om du vet att du är kapabel till att göra mer gott, sprida mer kärlek, förbättra någons liv, visa någon samma väg till lycka, hade du velat göra mer då?

Ta dig loss från resten av samhället och gör tvärtom. Hur? Först och främst: börja med att ta dig loss från den illusion som styr mänskligheten, nämligen att pengar är något du måste jobba för hela ditt liv. Det finns så mycket bättre sätt att generera pengar på och få dessa pengar att sedan regenerera sig själva. Har du någonsin undrat varför man inte lär sig om pengar i skolan? Hur man får dem att jobba, hur man investerar på riktigt med dem?

"The elevator to success is out of order, you'll have to take the stairs." – Zig Ziglar

När jag var 23 år gammal så bestämde jag mig där och då för att sluta jobba för pengar. Jag visste inte allt jag vet nu. Men en sak som jag visste då var att det inte skulle bli lätt, men jag var inställd på att göra vad som än krävdes av mig för att uppnå mitt mål. Nu idag när jag använder zero-base-thinking-principen så vet jag att jag hade gjort det igen om det så behövdes. Om du vill veta mer om zero base thinking så finner du mer information på kapitel 5.

Det är tufft ibland, speciellt när man bestämmer sig för att göra något som man aldrig gjort tidigare. När man har ett mål så pushar man sig lite extra, men när du fokuserar på varför du jagar ditt mål och hur den tanken får dig att agera just nu, så inser du plötsligt att du älskar det du gör och du gör vad du älskar!

Det var inne på snabbmatsrestaurangen som jag bestämde mig för att sluta jobba för någon annan än mig själv, så vad gjorde jag? Jag sa upp min anställning som restaurangchef och blev arbetslös. Dagen efter gick jag upp klockan 6.00, tog på mig mina finaste kläder och åkte till biblioteket för att skriva ut mitt cv, sedan så åkte jag runt till olika butiker och verksamheter för att prata med den respektive platsansvariga. Jag sökte arbete dag och natt, och till slut fick jag ett samtal från en fabrik som behövde montörer. Där fick jag en anställning som montör under en månad, sedan fick jag ett annat samtal från ett bättre betalt fabriksjobb, där jag kom till insikt om hur jag skulle göra för att jobba för mig själv.

Varför säger jag att jag bestämde mig för att jobba för mig själv, men sedan gick tillbaka till en fabrik? Det är för att vi allihop, var och en, måste komma till insikt om att oavsett var du jobbar någonstans så jobbar du i slutändan för dig själv. Det är din tid, dina pengar, din svett, dina räkningar, dina kostnader och dina intäkter. Du är din egen lilla verksamhet, vare sig du är medveten om det eller inte.

När du förstått det ändras din inställning till varför du jobbar och därför öppnas nya dörrar och möjligheter till ett bättre liv.

Det var inte förrän jag började lyssna på böcker om personlig utveckling medan jag jobbade inne på fabriken varje dag – en bok om dagen – som jag slutligen fick mod och kraft nog att säga upp mig igen, från vad jag anser är det bäst betalda jobbet man kan ha efter säljare om man inte har någon sorts högskoleutbildning.

Nu hade jag kunskapen, men framför allt modet och disciplinen, för att starta något eget på riktigt, och hade jag inte gått igenom det precis som det utspelade sig så vet jag inte när den förändringen hade inträffat. Tänk om jag hade haft mod att ta det beslutet redan när jag sa upp som restaurangchef? Tänk om du visste allt du vet nu för länge sedan? Visst kan man alltid vara efterklok?

Så hur vet man att man är på rätt väg? Det vet man inte direkt. Du måste tro på dig själv och tro på det du gör. Det kommer att krävas alla dina krafter och din fokuserade energi mot ett slutgiltigt mål, och på vägen kommer du att ha att göra med människor som på grund av diverse anledningar inte kommer att förstå dig och som kommer att ge dig missledande information som kan få dig att ångra ditt beslut. Därför måste du tro på det du gör och göra det du tror på jämt.

Dessa människor har ingenting bättre för sig än att lägga sig i alla andras liv, då de är för oengagerade med sitt eget, kan man tycka. Det kan också vara så att vissa av dem verkligen har misslyckats och verkligen inte vill se någon annan behöva gå igenom eller uppleva samma smärta som de en gång behövde känna. Det kan också finnas de som redan har bevis på framgång och som har lyckats med det du vill göra, sådana som redan lever det liv du efterlängtar och som dessutom har vunnit sitt eget race. Vilka väljer du att lyssna på? Måste du lyssna på någon överhuvudtaget? Hur du än väljer att göra så finns det en sak som jag är säker på: din väg vet bara du, och ingen annan kan säga om den är rätt eller fel.

De får lära sig att acceptera att alla är olika och att alla får möjlighet att välja precis hur de vill. Det är den tanken som gett mig ro och hållit mig lugn under alla mina år: att alla människor har en fri vilja och med den kan de välja precis vad de vill – utmärkta beslut och katastrofala beslut. Hur vet vi vad som är vad? Vi har upplevt det själva och därför kan vi ge det en mening. Du vet alltid vad som är bäst tills du hittar något

144

bättre, och du vet inte vad det är att uppleva sorg förrän du upplevt något värre.

Vägarna kan se annorlunda ut för vissa, och det kan ta olika tidsperioder för människor att komma fram till sin destination. Det är för att vissa tar bussen som måste stanna på så många olika hållplatser först innan den kommer fram till deras destination, medan andra tar taxin dit. Sedan så har vi alla dessa val att göra och utifrån dem sortera vad vi anser är det bästa alternativet inför resan. Ska man ha med sig mycket bagage, lite bagage? Det beror på hur länge jag ska stanna där jag ska. Ska jag ta med mig soffkudden ifall resan blir längre än förväntat? Ska jag sitta längst fram i bussen eller längst bak? Nära fönstret eller nära närmaste utgång? Jag är ju lite klaustrofobisk, så jag sitter så nära fönster och utgång som det går. Men nej, nu visar det sig att alla de bästa platserna är tagna, jag väntar nog på nästa buss.

Känner du igen någon som du vet är så här? Vi alla är så här på sätt och vis. Vi har alla olika preferenser och vill olika saker, men när det gäller framgång så gäller det att fokusera på det viktiga och offra det som är tidskrävande och energitömmande. Vad det gäller svaret på om man är på rätt buss: Ja, det vet endast du som vet vart du ska. Oavsett hur många hållplatser den stannar på innan den kommer till din: ställ dig upp och fråga chauffören en extra gång om den verkligen stannar på din slutdestination.

Och då kanske man ställer sig frågan: Kan jag köra bussen? Eller kan det vara jag som kör taxin? Absolut, men en grej som du måste lära dig att acceptera är att du inte gör det ensam. Oavsett om du kör eller inte så kommer du att behöva stanna på vägen och fråga efter adressen dit du ska, och om du läser av en karta eller har en GPS så har du i stort sett redan fått hjälp av de personerna som uppfann GPS:en eller som ritade en karta för vägen. Fråga vilken framgångsrik person du än vill, svaret kommer alltid att vara det samma: Jag är självlärd men inte bara från mina misstag, utan också från andras misstag. Livet är för kort för att hinna begå alla misstag som du behöver lära dig av för att lyckas komma till rätt hållplats trots att du är på rätt väg. Har du insett att du inte gör allt själv så är du på rätt väg.

Sedan finns det principer som gör det lättare för dig att handskas med hinder som dyker upp på den väg du väljer att ta, och dessa principer ändras inte. Det är verkligen på en 2+2-nivå, det kan endast bli 4, inget annat. Precis så är det med principerna som du behöver för att handskas med alla bekymmer som du kommer att ha att göra på din väg. En princip är som en vattendroppe fylld med självsäkerhet. En sanning är att det oftast går snabbare att uppnå din framgång om du gör det som de flesta framgångsrika människorna redan har gjort för att ta sig dit. Men sen så tänker man ju så klart på alla de gånger som våra chefer har sagt till oss att göra något på ett visst sätt, och så har man gjort det på ett annat sätt och det resulterade i att det både gick snabbare och bättre. Så därför är det relativt väsentligt att vi kan avgöra vilka vi kan lyssna på, för alla har alltid något att säga och vissa kommer att göra vad som helst för att slippa se dig lyckas. Men sedan så har vi också de personer som kommer att vilja hjälpa dig att lyckas av ren genuin kärlek utan att förvänta sig något tillbaka.

Detta kan vara svårt för vissa att acceptera genvägarna som livet ger och möjligheterna att ta emot hjälp om den verkar vettig.

34. Finns det mer lycka i att ge än att få?

Hur mycket pengar har du på ditt sparkonto just nu? Visst känns det bra att veta att du har en reserv ifall det skulle hända något akut och du plötsligt skulle behöva dessa pengar? Eller är det kanske så att du sparar till något annat? Du kanske inte har några pengar alls? Du har säkert investerat alla dina resurser och återbetalningen gick inte som väntat? Eller kan det vara så att du satsade allt på något som du hoppades på men som till slut var en lögn? Om det är så i ditt fall, så beklagar jag inte, jag vill däremot gratulera dig, för har du kommit så här långt in i boken så vet du precis hur du kan få fram pengarna igen, och till och med snabbare än du lyckades första gången. Det kan vara svårt att resa sig upp igen, men i och med att du nu vet att kunskapen är det enda ingen kan ta ifrån dig, så borde det vara en stark anledning till att resa dig igen. Att förlora resurser garanterar inte ditt slut, men att ge upp gör det.

Pengar utan mening, är lika trist som ett liv utan mening.

Därför bör du ha ett syfte med dina intäkter. Ha pengarna i rörelse, och låt andra också få en del av kakan. Ju mer du tänker på att andra behöver pengar, desto mer kommer du att börja ta fram investeraren i dig. Människor behöver jobb, mat, och tak över huvudet.

Jag minns en gång när jag satt och pratade med en väninna. Jag berättade lite om mina byggplaner för hus i Colombia. Då hade jag fel syn på pengar. Jag berättade att jag ville bygga hus och lägenheter för att börja få passiva inkomster, men berättade samtidigt att jag inte var helt säker på investeringen. Hon fick mig att se något som jag saknat under en längre period under mitt liv. Jag tittade på henne och nämnde att jag var osäker på projektet och då frågade hon mig: "Har du tänkt på alla människor som kommer att få ett jobb tack vare dig? Alla hem som du kommer att hjälpa med tak över huvudet och till och med mat på bordet? Hur du kommer att bidra till minskade tankar om att begå brott för de som befinner sig i svåra omständigheter?"

Lustigt nog lyckades hon få mig att inse varför jag verkligen skulle göra detta, och ännu större är att tack vare det har jag nu rätt inställning bakom allt jag startar och avslutar.

Kärlek är det rätta motivet. Att vilja hjälpa människor låter kanske för vissa som en kliché, men tro mig, jag har upplevt resultatet av goda gärningar och det har du nog också gjort. Kanske är det till och med så att du haft möjlighet att uppleva det på en större skala? Ju mer du ger, desto mer kommer du att få tillbaka – det är naturens lag. Men ju mer du ger av rätt anledningar och motiv, desto mer tillfredsställd kommer du att känna dig. Så i slutändan handlar det inte om hur mycket det än kan vara, det handlar om syftet bakom ditt varför. När du har rätt motiv så kommer du att uppleva att det är nödvändigt att du gör vad du nu måste göra, för om du inte gör det, vem ska då göra det? Det ligger i dina händer att kunna förändra människors liv, det är din skyldighet som människa. Du har fått en gudalik kraft för att kunna skapa både gott och ont, och varje dag kan du välja om du ska gå i rätt riktning, med rätt inställning och motiv.

Behöver du ha mycket pengar för att kunna ge mycket? Det sägs att orsaken till all ondska är pengar, hur kommer det sig att det då fortfarande finns människor som inte har pengar och ändå inte kan vara lyckliga och dessutom är elaka mot andra människor? En besatthet av pengar och kärlek till pengar av egoistiska anledningar är däremot den andra sidan av myntet.

Jag fick höra en berättelse en gång där det talades om två personer. En hade väldigt mycket pengar och ville ha ännu mer pengar, hans motiv var enkelt: "Jag har en familj och barn att försörja så jag måste ge dem det liv de förtjänar." Denna man gjorde allt som var i hans makt för att tjäna mer pengar, trots att han redan hade väldigt mycket pengar. Hans motiv för att skaffa pengar fick honom att vilja spendera sin tid mer på att älska det han gjorde för att skaffa pengarna än att spendera den värdefulla tiden med sin familj, som från början var det som han använde som motiv för att skaffa alla pengar han behövde. Tyvärr så fick han aldrig tillräckligt med pengar.

Sedan fick jag höra det andra exemplet om en man som man jämför med denna rika man. Personen i jämförelsen hade då väldigt lite, endast en lägenhet på 50 kvadratmeter där han hade sina två barn och sin hustru. Han jobbade ihjäl sig för att kunna behålla lägenheten och kunna bidra till ett fungerande hushåll. Hans motiv var också enkelt: "Jag måste jobba för att min familj ska ha det bra och för att jag aldrig ska bli av med vårt hus." Och det gjorde han. Hans motiv för att tjäna pengar TVINGADE honom ofrivilligt och omedvetet att spendera mer av sin värdefulla tid på att skaffa precis det han behövde för att aldrig bli av med det lilla han redan ägde, och det fick honom till slut att förlora fokus från det viktigaste i hans liv, som var att spendera värdefull tid med sin familj.

Visst är det normalt nuförtiden att människor, oavsett hur mycket eller lite de har, oftast tenderar att bli extremister i vad de nu än gör? Och du som har förstått innebörden av att ge, se då till att du ger din tid till rätt personer av rätt anledningar. Tillbringa inte din tid med att jobba för pengarna, det ska du endast göra i början, men efter det behöver du försäkra dig om att du har pengar som jobbar åt dig.

Har du hört talas om citatet "pengar flyttar pengar"? Jag skulle vilja påstå att det är sant – så länge du inte förlorar fokus på varför du egentligen ville få pengarna att flytta på sig från början.

Du kanske undrar varför det pratas så mycket om pengar när frågan är: om det finns mer lycka i att ge än att få? Mitt syfte med denna fråga är först och främst att du ska förstå att det viktiga inte är pengarna i sig, utan vad du kan göra med dessa pengar för andras människors liv och för ditt eget. För att kunna flytta på pengar så gäller det först och främst att skaffa pengar, och det lär vi oss att göra i skolan. Det är något som vi alla är väldigt skickliga på, redan från en tidig ålder lär vi oss om yrken som kommer att hjälpa oss med hur man jobbar för pengar. Men bryt dig loss från illusionen och våga göra tvärtom.

För att ge något värdefullt så måste du först kunna förstå dig på hur du kan hjälpa andra människor som lever olyckligt. Och det kanske låter hårt, men är du fattig inombords så har du valt att vara det. Oftast är människor som är fattiga inuti även fattiga utanpå, och dessa människor har ett särskilt tankesätt. Marco Antonio Regil har vad jag tycker är en väldigt bra förklaring av deras recept och det går ut på att de hoppas på att den dagen statsministern ändrar på sig, eller skatten blir lägre, så kommer deras liv att bli fantastiska.

Sådana personer brukar ofta säga saker som: "endast staten har ansvar för att Sverige ska bli ett bättre Sverige", "ansvaret för att jag ska ha det bra dagen jag pensionerar mig är Pensionsmyndighetens, för Pensionsmyndigheten ägs av staten" och "utöver staten – den som ska och kommer hjälpa min familj – är ju de enda jag har; min partner, och mina föräldrar". Och om det inte vore nog med det så tänker vissa att de ska skaffa sig väldigt många barn för att utnyttja barnbidraget, och samtidigt förväntar de sig att dessa barn ska försörja dem när de blir äldre.

Sedan så blir många barn nästan tvingade till att gifta sig med någon som deras föräldrar tjatar om, de säger så här: "Se på Robert, han har hus och bil och äger väldigt mycket aktier. Han är väl framgångsrik?" Eller: "Gift dig med Erik som är läkare och tjänar riktigt bra så att han kan försörja dig – och även mig också, hehe."

Så på grund av att fattiga människor i första hand tänker att familjen ska försörja en, så bildas det här tänket så fort det går bra för någon i familjen: "Kan jag få låna pengar?" Har du någonsin fått frågan om du kan låna ut pengar? Och hur ofta fick du pengarna det datumet de lovade att betala tillbaka? Och vad händer när du väl frågat dem om pengarna? Många blir arga inombords. Vissa till och med slänger ifrån sig skämtsamma kommentarer med dubbla meningar, såsom: "Vad snål du är, herregud, jag är ju din vän!" eller "Pengarna har verkligen förändrat dig …" Men vet du varför de blir arga? För att deras tankesätt är inlärt och inställt på att den enda rationella obligationen från en familjemedlem är att den ska försörja resten av familjen. Och sist men inte minst hoppas dessa människor på att någon gång snart så är det deras tur och de hoppas vinna på lotto. Nackdelen där är att det finns många som går med förhoppningar om miljonvinsten ända fram tills de dör. Och det tråkiga är att de har satsat allt på att det enda sättet som kan göra dem rika är att vinna på lotto.

De flesta av oss har varit tvungna att låna pengar från familjen av diverse anledningar. Jag kommer ihåg en period i mitt liv där jag, trots att jag hade ett jobb som restaurangchef, levde från månad till månad genom att låna pengar från min mamma. Det kommer hon väl ihåg. Det fanns inte en månad då jag lyckades klara mig själv, det var pinsamt. Jag kommer ihåg att hennes råd som mamma var: "Ge mig, om du vill, 5 000 kronor varje månad så kan jag spara undan det åt dig." Mamma var så snäll, jag älskar henne något så fruktansvärt. Hon hjälpte mig utifrån det hon kunde och utifrån det hon visste, och det uppskattar jag än idag. Men hon tänkte utifrån en medelklassformel för framgång. Hur tänker dessa människor? De tänker att det första du måste göra är att gå till skolan med mål om att få bra betyg så att du kan få ett bra jobb – eller rättare sagt: ett säkert jobb. Och sedan så tänker de att eftersom du kommer att tjäna mycket pengar genom ett bra jobb så kommer du nu att kunna spara dessa pengar. Problemet är att hur mycket du än sparar i detta stadie så kommer du ändå alltid att vara bunden till ett jobb, oavsett om du tycker om det eller ej, och sedan också vara tvungen att jobba för pengar för att spara pengar.

Om vi då återgår lite och analyserar: Är skolan viktigt? Självklart är den viktig. Där lär man sig väsentliga saker som man behöver för att först och främst kunna komma in i samhället och förstå sig på varför det är som det är. Man lär sig viktiga datum, traditioner, vanliga begrepp och kärnämnen. Men det finns ett problem med skolan, och det är att vi inte lär oss från grunden något som är minst lika viktigt som allt annat: Vi lär oss inte om ekonomi och grunderna för att kunna leda en organisation eller ett bolag, och heller inte hur man blir en bra entreprenör och investerare.

Och sedan så har vi den där tjänsten som ska vara hur säker som helst, att planen är att utbilda sig högt för att sedan kunna få ett jobb man trivs med och som har bra förmåner. Men hur säkert är det egentligen? Vi har tidigare analyserat gång på gång olika statistiska resultat som visar oss hur många som sägs upp och varslas årligen, och oavsett hur mycket erfarenhet eller hur många år du har i branschen så kan du ändå bli varslad, för har du mycket erfarenhet så är du dyrare än alla andra. Så hur säkert är det egentligen?

Sen lär vi oss även om att spara pengar. Men ställ dig följande fråga: Om du lägger undan pengar varje månad och sedan lyckas spara 10 000 kronor på banken under 20 år, är dessa pengar värda lika mycket om ytterligare 20 år? Absolut inte, för skolan lär oss även om inflation och eftersom den stiger, så sjunker värdet på all valuta som du kan ha sparat under en längre period.

Så hur bra tror du att denna formel fungerar för att man ska lyckas uppnå ekonomisk frihet? Inte särskilt bra, och det är sanningen.

Ett ännu värre bekymmer är det som slår de fattiga och även medelklassen när någon fruktansvärd ekonomisk kris drabbar landet. De fattiga blir mer fattiga, och vad tror du händer med medelklassen? De blir fattiga också. Hur blir det så här? Hur kan medelklassen behöva bli fattig?

Det som händer är att medelklassen oftast har ett säkert jobb, men eftersom landet går dåligt så måste de största organisationerna säga upp personal för att spara kostnader. Så det som medelklassen trodde var tryggt och säkert blir plötsligt inte så tryggt och säkert. Det enda säkra är att om det blir ekonomiska problem i landet och en organisation skulle behöva säga upp personal, så är det med all säkerhet medelklassen som kommer att bli utan jobb.

Nu står du där utan jobb, och vad är något av det första som familjen och vännerna rekommenderar dig att göra? "Har du övervägt att ta en kurs eller börja plugga något?" Men det är inte hållbart, du har ju fortfarande räkningar att betala och utgifter att ta hand om, så nu står du där och spenderar dina sparpengar och försöker på något sätt ta reda på vems fel det är. Du snurrar, vrider och vänder på det så länge att en dag så står du där och skyller på staten, precis som de fattiga gör. Du säger: Det är deras fel, de måste ändra på systemet och det måste ske nu!

Dock är den processen överdrivet lång och det kan ta upp till flera år att ändra en regering. Och eftersom du inte hinner

153

vänta så länge så blir du så illa tvungen att låna pengar. Men från vem? Familjen naturligtvis ... Men eftersom familjen var de som frågade dig om pengar, eftersom de själva inte hade några, så slutar det med att ni allihop sitter och spelar Bingolotto på en lördagskväll med höga förväntningar om att ni allihop ska vinna miljonvinsten.

Kommer du ihåg i kapitel tre när vi pratade om hur starka våra tankar är? Och att människan oftast blir det som den tänker på det mesta av tiden? Vilket tänkesätt väljer du att ha, den vanliga medelklassens tänkesätt eller de fattigas? Du behöver inte tänka som varken den ena eller den andra, för som tur är så finns det ett tredje tänkesätt. Kan du gissa vilket tänkesätt det handlar om? Naturligtvis handlar det om den framgångsrikas sätt att tänka.

Vad är det första en framgångsrik person vet? Jo, det är att man ska ha något som heter "passiv inkomst". Det kan du få in från diverse olika håll, men ett väldigt populärt sätt är att få det från ditt eget självgående bolag. Notera nu att det inte handlar om frilansande företagare som jobbar för sig själva, för allihop jobbar i slutändan för sig själva. Ju snabbare du inser det – oavsett vad du gör i dagsläget –desto snabbare kommer du att börja leva ditt liv och ingen annans liv. Om du behöver finnas där eller byta ut din tid mot pengar så har du ingen passiv inkomst.

En till väsentlig grej som en framgångsrik person är väldigt bra på är att investera. Istället för att spara pengar och låta dem sjunka i värde, så återinvesterar de sina vinster. På så sätt är pengarna aktiva och rörliga, för det krävs pengar för att generera mer pengar.

Som Robert Kiyosaki. säger: "Pengar ska jobba åt dig, du ska inte jobba för pengar." Alltså: byt inte ut din tid mot pengar.

154

Så både investeringar och självgående verksamheter är passiva inkomster, men det finns alltid risker med investeringar. Hur kan man förminska riskerna? Det gör man genom att först själv förstå sig på eller skaffa sig erfarenhet av hur det är att lyckas med det man ska investera sina pengar i. Det bästa är att göra investeringar i samma branscher som man själv har startat självgående bolag i. På så sätt minskar du riskerna och du vet bättre vad du ger dig in på.

Medan medelklassen sätter in sina pengar på banken och får rådgivning om hur man kan bli rik av någon som inte är rik, så vet riktiga investerare att den bästa investeringen görs i något företag som följer samma recept som de själva följde för att bli framgångsrika. Ofta blir investerare i företag inte bara investerare, utan även rådgivare.

Ett tredje och väsentligt ess som de verkligt framgångsrika har i sin rockärm är andras resurser, vilket innebär att de inte behöver använda sina egna koncept, utan de kan ta hjälp och använda andras verksamhetssystem, idéer och pengar för att skapa pengar. Det är den största skillnaden mellan en medioker person och en framgångsrik person. Fråga dig själv: Hur kan jag göra min idé eller min verksamhet attraktiv för att på så sätt få andra att investera i mig?

Du behöver alltså inte pengar, utan du behöver kunna övertyga andra som har pengar att investera i dina projekt, dina produkter eller din organisation. Du kanske behöver donationer eller bidrag för att hjälpa utsatta människor som har problem med missbruk att komma in i samhället? Har du en värdig anledning eller vision så kommer det att vara attraktivt nog för att vi alla ska vilja investera i det.

Kom ihåg: det finns mer lycka i att ge än i att få, så länge du har en stark tro om att det du ger kommer att skapa en skillnad i världen eller i någon annans liv som sedan kommer att stämma överens med ditt livs syfte.

35. Varför finns det människor som känner sig ensamma?

Vi människor är i grund och botten en art som tenderar att vandra i flock. Vi gillar att tillhöra en speciell grupp där vi kan socialisera oss med andra människor som delar våra intressen. Trots det så finns det människor som ändå känner sig ensamma. Det påminner mig om en berättelse som Earl Nightingale berättade en gång. Han talade om ett par som nyligen flyttat in och som bodde tvärs över gatan från där han själv bodde. Det var en man som jobbade varje dag och hans hustru. En dag så såg han att de packade och förberedde sig för flytt, och det tyckte han var lite märkligt, så han gick fram och frågade: "Varför flyttar ni?" Mannen svarade: "Det är min fru … Hon har känt sig utanför i grannskapet, och hon känner sig inte välkommen bland grannarna …" Då frågade Earl: "Har hon visat med handlingar klart och tydligt att hon vill vara en del av grannskapet?" Han kollade på honom och tänkte innan han svarade på ett sätt som Earl redan nästan hade gissat fram. Han svarade: "Nej, det har hon inte …"

Det var en kvinna som under sina 60 år aldrig hade förstått en av de viktigaste principerna för att inte hamna i socialt utanförskap: att vår omgivnings miljö reflekterar oss själva. Vi definieras av den miljön vi befinner oss i och om vi inte tar initiativ mot det vi vill ha så kommer det inte mirakulöst att komma till oss, inte ens om vi ber. Vi finner något lustigt i Matteus evangeliet 6:8. Det är så märkligt att det står att Gud VET vad vi behöver innan vi ens ber om det, men sedan så uppmuntrar Matteus evangeliet 7:7 oss att BE för det vi vill ha. Märker du verben? En handling, något måste du i vilket fall göra. Den som inte gör något kan inte heller förvänta sig något. Det är som att ställa sig framför skorstenen och vänta på värmen. Om inte du lägger in ved och tänder elden så kommer ingenting att hända. Det måste börja någonstans så låt det börja med oss. Därför kan vi påverka och förändra vår omgivning genom att börja med oss själva. Och du kanske tänker: "Det har jag hört innan och det har jag testat, och jag har fortfarande inte fått de resultat jag vill." Då uppmuntrar jag dig att ställa dig själv en öppen, ärlig och personlig fråga: Har jag verkligen gjort allt jag kan och med rätt motiv? Motivet är din inställning. Gör vi saker och ting med en inställning av misslyckande så har vi förlorat utan att ens ha börjat. Gör vi det däremot med rätt motiv och en hoppfull inställning om att det är möjligt, så kommer vi att lyckas.

Under kalla och mörka vintrar så hamnar en stor del av befolkningen i depression. Många gör det även under en solig solsemester, men vad jag vill komma till är att omständigheterna spelar roll till viss del. De kan vara en bidragande faktor till mångas depression, men de är exakt vad vi tillåter dem att vara. Vår egen uppfattning kan bero på vår bakgrund och saker som vi gått igenom under svåra tider. Vi blir märkta vare sig vi vill det eller ej. Vårt förflutna lämnar spår efter sig, och såren läker med tiden, men ärren finns där för alltid.

Men oavsett vad vi har gått igenom och våra olika uppfattningar om saker och ting så har du blivit begåvad med en gudalik kraft som varje dag ger dig en ny chans att välja, oavsett dina rädslor och oavsett vad du redan VET. För det är just den tanken som stoppar vår utveckling, tanken som sitter inklistrad djupt i vårt undermedvetna, tanken om att något har gått dåligt, att en väg tidigare har varit farlig att gå på. Det är just den tanken som många håller sig fast vid, och på grund av den så tror vi att vi då vet allt eller bäst om just den händelse eller ett visst ögonblick som vi varit tvungna att uppleva. Det är när vi håller fast vid dåliga tankar om att det inte finns en bättre väg som vi börjar dö och till slut hamnar i depression.

Vi är så envisa, så sårbara och så otåliga att vi fastnar i en dålig upplevelse som egentligen skulle kunna ge oss mod och även styrka för att aldrig mer behöva riskera att uppleva samma känsla igen.

Det är till viss del bra, men faran i det kommer när det blir så betydelsefullt för oss att vi stänger in oss in en bubbla och vägrar se den större bilden. Med hjälp att vårt starkaste vapen – vår hjärna – kan vi komma ifrån tanken om att vi själva har satt oss i den positionen, att vi är de enda som kan klättra upp för berget, ingen annan. Dagen vi erkänner det, är dagen som vi slutar att känna oss ensamma och börjar göra allt som krävs för att skapa rätt omgivning. Vi drar till oss det vi tänker på: kärlek, vänskap, hälsa, balans, semestrar, till och med pengar. Men du måste ta beslutet. Är du redo?

Hjälp är underbart, men den måste komma från rätt håll och i rätt takt. Vi lyssnar oftast på någon som vi tror känner som oss eller har varit i samma sits som oss. Det här påminner mig om en berättelse som jag läste för några år sedan om en drogmissbrukare som föll ner i ett hål och inte kunde komma upp. En affärsman gick förbi och missbrukaren ropade på hjälp. Affärsmannen kastade ner lite pengar till honom och sa till honom att gå och köpa sig en stege. Men missbrukaren kunde inte köpa sig en stege i det här hålet han var i.

En läkare gick förbi. Missbrukaren sa: "Hjälp! Jag kan inte komma upp!" Läkaren gav honom några piller och sa: "Ta de här. Det kommer att lindra smärtan." Missbrukaren tackade, men när tabletterna tog slut, så var han fortfarande i hålet.

En välkänd psykiatriker gick förbi och hörde missbrukarens rop på hjälp. Han stannade och frågade: "Hur kom du dit? Var du född där? Har dina föräldrar satt dig där? Berätta om dig själv, det kommer att lindra din känsla av ensamhet." Så missbrukaren pratade med honom i en timme. När timmen tog slut så var psykiatrikern tvungen att gå, men han sa att han skulle vara tillbaka nästa vecka. Missbrukaren tackade honom, men han var fortfarande i hålet.

En präst kom fram. Missbrukaren bad om hjälp. Prästen gav honom en Bibel och sa: "Jag ska be för dig." Han låg ner på knä och bad för missbrukaren, sedan gick han. Missbrukaren var mycket tacksam, han läste Bibeln, men han var fortfarande fast i hålet.

En återhämtad och före detta missbrukare råkade gå förbi. Missbrukaren ropade: "Heey! Hjälp mig! Jag har fastnat i det här hålet och kommer inte härifrån!" Den före detta missbrukaren hoppade omedelbart ner i hålet med honom. Missbrukaren sa: "Vad gör du?! Nu fastnar vi båda här!" Men den före detta missbrukaren sa: "Lugna ner dig. Det är okej. Jag har varit här förut. Jag vet hur man kommer ut."

Rätt hjälp – inte en stege. Vi behöver allihop känna oss stolta när vi gör något, annars blir det bara en temporär framgång. Det är för att vi människor generellt söker efter en känsla av positiv stolthet. Arbetsförmedlingen beskriver det så här: "Stolthet är en framgångsfaktor – en unik resurs som utvecklar dig, arbetskamraterna och hela organisationen. Och inte minst kunderna. Stolthet är en smart strategi som ökar dina möjligheter att nå dina mål, skapa lönsamhet och uppfylla löften."

Positiv stolthet bidrar även till vår självkänsla och självsäkerhet. Du har säkert fått känna eller smaka på den känslan någon gång. Det är en känsla som fyller dig och ger dig en nypa av tillfredställelse, den brukar oftast komma efter att vi uppnått något mål.

När vi får hjälp till framgång på rätt sätt, då lyckas vi känna den känslan och mår genast mycket bättre. Men när vi fått hjälp på fel sätt så försvinner känslan, eller så kommer den inte alls, och framgången känns inte lika tillfredställande. Så det här är till dig som kanske inte orkar göra saker själv, som kanske inte vill agera, som hellre vill att någon annan gör det åt dig: Det är okej, men nu vet du vad du går miste om när du inte lägger ner ditt eget blod, svett och tårar för att nå vilket mål du än vill uppnå.

Hur kommer det sig att du ser inlägg lite här och där från människor som skriver att de för tillfället kommer att vara offline från sociala medier? Nuförtiden har nästan alla sociala medier gett användarna möjligheten att inaktivera sina konton, det förekommer mer och mer i dagens värld. Det är en stor skillnad mellan att känna sig ensam och att medvetet ta ett break från sociala medier och därmed ett break från sociala kretsar. Kan du komma på vad det är?

En person som är ensam har blivit det ofrivilligt på grund av en destruktiv inställning som i de flesta fallen är omedveten och sker på grund av okunskap om vad det innebär att vara socialt aktiv och bemästra goda relationer.

Det finns också de som uppfattas som ensamvargar. Dessa människor tar ett beslut lite då och då i sina liv om att de vill vara ensamma. Men dessa människor vet att de aldrig är ensamma, tvärtom. De fattar ett beslut om att lägga ner mer tid på sig själva för att under en bestämd tidsperiod åstadkomma något mål. De är självständiga men inte ensamma. Den enda person som till hundra procent kan veta om man är ensam eller självständig är bara du som varit både självständig och ensam. De goda nyheterna är att du vet precis hur det känns, hur du hamnat där och du vet nu även exakt hur du kan komma ut därifrån. Kraften finns inom dig.

"Våga fråga om hjälp – inte för att du är svag, utan för att du vill fortsätta behålla din styrka." – Les Brown

36. Vad händer om jag inte hittar något syfte med mitt liv?

Vad är meningen med livet? Det är ganska lätt att säga att det skulle vara att finna ett liv med mening. Men är det verkligen så lätt att hitta mening? Du har förmodligen ställt den här frågan tidigare: Vad är meningen med mitt liv?

Låt oss illustrera det hela med en bläckpenna. Pennans primära funktion är att skriva och för det krävs bläck, och en penna utan bläck fyller inget syfte. Likaså fyller inte ett liv utan mål någon mening. Men vänta lite nu, pennan är ju fortfarande meningslös om inte någon använder den för att skriva, så innan den har använts för att skriva så har den alltså inte uppfyllt sitt livs syfte. Din kropp kan vara lika med en penna utan bläck, och ditt liv och alla beslut som du tar i livet kan motsvara bläcket. Men hur kan det fortfarande vara tomt? Vad är det som saknas?

Drivkraften, målen, meningen, syftet, och en känsla av tillfredställelse – alla de här sakerna behöver finnas i ditt liv för att du ska kunna leva ett liv med mening. Så börja leta, för annars kommer du – som pennan – att utnyttjas för att skriva någon annans liv.

Jag tror starkt på att du har kommit hit av en anledning, och endast du kan bryta dig loss från förtrollningen. Genom alla berättelser jag har hört, alla böcker jag har läst och allt jag själv har upplevt så har jag lyckats skaffa mig en inställning om att jag liksom du har kommit hit till världen för att göra något mer än bara födas, leva, föröka oss och dö. Första gången jag fick höra om denna onda cirkel i skolan var jag runt åtta år gammal. Vi hade naturkunskap och jag tror att vi pratade om näringskedjan och alla levande organismers livscykel. Det påverkade mig på ett så märkvärdigt sätt. Jag trodde att mitt liv endast handlade om att leva, föröka mig och dö, så jag gick hem den dagen och från och med då vägrade jag att se livet som endast en cirkel utan utgångar. Sedan den dagen har jag letat efter något som kan bryta den förtrollningen, den illusionen.

Många letar och känner sig vilsna. Till slut dör man med en känsla av otillfredsställelse och misslyckande. Vill du dö utan att någonsin ha känt att du har levt? För återigen, låt oss vara realistiska: vi, du, jag, och alla som du känner kommer att dö.

Visst händer det att vissa människor kommer till världen med fruktansvärda förutsättningar, eller att de har varit nära döden, eller att de faktiskt ha behövt förlora någon de älskar för att inse att det är dags att börja leva eller göra en drastisk förändring i livet mot något som faktiskt är meningsfullt. Vissa får barn och plötsligt känner de att de har hittat syftet med livet, men vad skulle då hända om barnet får en fruktansvärd sjukdom och dör vid en väldigt tidig ålder? Då måste du hitta dig ett nytt syfte, en drivkraft som kanske varar för evigt. Vi behöver inte vänta på att det händer saker i våra liv, att vi ska behöva åka in i fängelse i tre år eller mer för att inse att vi ska börja ta tag i livet. Vi kan börja redan idag att se bortom det som är framför oss och börja skriva vårt eget liv. Pennan i vår illustration kan användas för att skriva, men ställ dig frågan: Vad är det du vill ha sagt eller gjort i ditt liv? För det är nu du fortfarande har chansen att säga, skriva eller göra det. Åldern just nu spelar inte någon roll, för denna bok ska motivera dig att börja leva på riktigt, var du än befinner dig i ditt liv, gammal eller ung, allt är relativt. Hur känner du dig så här långt in i boken? Visst mår du bra?

Kom ihåg återigen vad Dalai lama har sagt: "Om du inte hittar syften med ditt liv så kommer du att leva som att du aldrig ska dö och dö utan att aldrig någonsin riktigt ha levt ..."

Låt oss snacka pengar. Som du vet är pengar väldigt viktigt i dagens samhälle, utan pengar fungerar inte samhället vi lever i. Någon har sagt en gång att pengar är minst lika viktigt som luften vi andas, utan den överlever vi heller inte.

Det är sant. I dagens samhälle finns det inte en droppe hopp om att människor klarar sig utan pengar. Visst kunde man det förr i tiden för länge sedan. Långt innan guldet och silvret så bytte man tjänster mot mat, eller mat mot tjänster. Men långt innan dess levde man för sig själv, utan att tänka på andras behov bara sina egna. Man fokuserade endast på sin egen skörd och sin egen familjs behov. Jag skulle vilja hävda att pengar och tjänster i utbyte mot mat skapades av kärlek och inte av girighet. Det är ju i och för sig relativt, men den tanken ger mig mycket mer tillfredställelse. Att tänka att någon såg ett behov hos människor och ville hjälpa till att underlätta, att kunna ge en lösning till deras problem. Självklart krävde det tid, men den tiden som lades ner motiverades av kärleken som fanns. Skulle det då vara fel att tacka och ta emot något i ersättning för det man bidrar med?

Så pengar är väldigt viktigt, men det behöver inte bli ditt livs enda mål. **"When you get to work you'll make a living, but when the work gets into you you will make a great life." Brian Tracy**

Det innebär att när kärlek är motivet bakom det du gör, så kommer inte pengar att vara ett bekymmer, utan det kommer att finnas i överflöd. Det betyder dock inte att du inte ska fokusera på pengar eller inte lära dig att jobba smart för pengar och få dem att jobba för dig. Du har alltid kontroll, tills pengarna är det som kontrollerar dig.

VIII. Framgång och misslyckande

37. Hitta det ovanliga i det vanliga för det är de små sakerna i livet som är de största

När kunde du senast slappna av och njuta av allt omkring dig? Nu menar jag verkligen njuta, släppa allt ansvar och tänka bara på ditt välmående och dina egna behov? Kan det ha varit senast du mediterade eller var på massage? Eller när du senast var på semester med barnen? Eller för 20 år sedan när du var 20 år gammal och inte hade några stora ansvarsområden?

Jag vill ge dig en övning. Den fungerar endast om du testar att göra den regelbundet, och jag rekommenderar att du gör den dagligen. Du ska lägga allt ditt fokus på att hitta en sak som du är tacksam för varje dag och skriva ner det. Köp en anteckningsbok och börja skriva ner för hand. Läs det sedan högt och mena det du säger med känsla varje gång.

Börja redan nu!

JAG ÄR TACKSAM FÖR:

_____

_____

_____

_____

_____

Varför denna övning? För att efter att du har gjort den i 21 dagar så kommer du att omprogrammera ditt undermedvetna. Du kommer att börja se bortom det du ser nu. Tacksamhet är en positiv känsla av uppskattning för det någon annan har gjort. Du kan tacka universum, du kan tacka personer, du kan tacka växter, du kan tacka djur, om du nu tror på Gud kan du tacka honom med, och inte minst dig själv som faktisk är den som SER sakerna som du ska tacka för.

Tro mig, det finns många saker som du kan vara tacksam för. Problemet är att eftersom man inte lägger ner varken tid eller fokus på att hitta de här sakerna, så försvinner dagarna förbi utan att man ser sig om, och denna fantastiska gåva förblir outnyttjad. Det är din inställning som kan påverka din programmering, så börja att se dig omkring och hitta det ovanliga i det som är vanligt. Då blir saker och ting roligare att uppleva än förr. Det finns en gnista av magiska saker som händer runt omkring dig varje dag, men det är upp till dig att inte låta den kreativiteten dö ut, och se bortom det du redan har framför dig. När du börjar utforska och ställa frågor så fångar din hjärna upp intresset igen för det som finns runt omkring dig.

Det kan vara en vacker fullmåne och stjärnor som lyser upp himlen under en mysig skogspromenad vid sjön eller under vägen hem från parkeringen efter jobbet. När såg du senast något sådant? Kan det vara så att det fina finns där runt hörnet, men att vi är så upptagna och stressade att vi inte ens hinner stanna och titta upp i två sekunder för att faktiskt uppskatta det vi ser för att sedan vara tacksamma för det? Eller när gav du din partner en fin överraskning med blommor och choklad senast? Kanske frukost på sängen eller en mysig weekend på hotell medan barnen stannade hos mormor och morfar? Måste det vara just på någon speciell årsdag eller födelsedag som ni visar kärlek till varandra? Titta dig omkring: Vad kan du göra redan idag för att förbättra dina relationer runt omkring dig? Du har kontroll över hur lycklig du kan bli, trots alla bekymmer vi upplever dagligen.

Ännu bättre är det om du räknar med att problem är en del av vardagen, men att du är lösningen som kan se bortom bekymren. Gör du det med rätt inställning så är det som att du är immun mot livets största sjukdom: bekymren.

38. Att misslyckas bättre

Visst vore det orimligt att säga till dig att du aldrig kommer att misslyckas? Vi har någon gång känt att vi har misslyckats, till och med väldigt framgångsrika människor under alla tider har misslyckats. Ta till exempel föreläsaren Less Brown som efter att har köpt sin mammas drömhus var tvungen att lämna tillbaka det, eller misslyckandet med hans egen tv-show som fick avslutas. Men vad är det som avgör någons fiasko? Rätt svar är att det är personen själv som avgör vad ett fiasko är. Men kan man blunda för fiaskot? Tror du att dessa framgångsrika personer helt och hållet har ignorerat dessa misslyckanden? Det tror jag knappast. Jag tvivlar inte på att dessa människors fiaskon har fört dem ett steg närmare deras verkliga syften i livet. Vi kan se det som stötestenar eller som ett steg närmare framgång, beroende på om vi har rätt inställning när det kommer till att misslyckas bättre. Bara för att du missar målet en gång, eller till och med fler än en gång, behöver det inte betyda att du inte kommer att lyckas alls, utan det är precis det som de framgångsrika har som inte andra har, nämligen en känsla av att misslyckas på ett bättre sätt.

Det lustiga är att en framgångsrik person anses ofta mer framgångsrik ju mer den personen har stött på utmaningar eller haft många stötestenar på vägen. Det säger mer om en framgångsrik person om vi kan känna av deras kamp på vägen mot framgång, speciellt eftersom det är så många av oss som kan relatera när det gäller livets alla slag, då livet händer oss allihop och det ofta tar oss med storm. Att vara hängiven, ihärdig, disciplinerad och konsekvent är egenskaper som kommer att ge dig styrkan att fortsätta mot dina mål i livet. Vad du än vill göra så kommer du att förr eller senare misslyckas, men dessa framgångsrika egenskaper kommer att göra att du misslyckas bättre. För om du inte kan springa så jogga, kan du inte jogga så gå, och kan du inte gå så kryp, men om du RAMLAR, se då till att du ramlar FRAMÅT.

Jag minns dagen jag lade ner mitt första företag. Det var ett svårt beslut som bildades ur en känsla av fiasko i kombination med en känsla av tillfredställelse. Det var svårt att starta, men det var ännu svårare att se verkligheten och avsluta. Under livet kommer du att behöva gå igenom saker och ting som är tuffa, men dessa ögonblick är just de som du behöver för att tuffa till dig och komma tillbaka ännu starkare, smartare och mer bestämd på vad ditt syfte egentligen är.

Det finns något för dig där ute. Nu när du har hittat det, så kommer du att stöta på besvikelser, misslyckanden och problem, men det är normalt. Det viktigaste är att du har en klar vision för hur det kommer att sluta. Hur du tar dig dit spelar i slutändan inte någon större roll, alla skapar våra egna vägar mot våra mål, trots att vi använder samma principer som andra före oss. Ingen väg i livet är den andra lik.

Som Ralph Waldo Emerson sa: **"Do not go where the path may lead, go instead where there is no path and leave a trail."**

39. Vad är likheten mellan framgång och misslyckande?

Jag förväntar mig inte att du som läser denna bok ska tänka som mig, men jag uppmuntrar dig till att höra det som sas en gång i tiden av en väldigt vis man, han sa att vissa böcker kan man lukta lite på, andra är till för att smaka och vissa kan man sluka helt. Det är egentligen en princip som används för mycket annat också, men det den syftar i grund och botten på att du alltid kan lära dig något från en bok eller en person och ju mer du använder denna princip, desto mer lär du dig också om dig själv. Till och med via bilder. Denna så kallade överoptimistiska, orealistiska och i dagsläget "onormala" inställning är vad likheten mellan framgång och misslyckande är. Det är just inställningen som knyter samman dessa ord. **Det går inte att lyckas utan att först ha smakat på misslyckanden.**

Skulle du säga att någon som Donald Trump föddes framgångsrik? Eller att Robert Kiyosaki föddes med en silversked i munnen för att hans väns pappa var framgångsrik och han valde att lära sig från honom, och sedan efterlikna honom mer än sin egen biologiska pappa?

Kanske håller jag med dig till viss del när du påstår att Donald Trump föddes i en miljö full av framgångsrika människor, och precis som vi har sagt tidigare så har vi ju en princip som säger att: man blir som man umgås. Men å andra sidan så har vi mängder med berättelser om personer som befinner sig i liknande miljöer, som till och med har vuxit upp i dem, men som i slutändan ändå hamnar i missbruk, kriminalitet och misär.

Du behöver dock inte hamna helt och hållet i misär, kriminalitet eller missbruk för att få insikt om vissa saker här i livet, det är ju just därför du läser den här boken. Men däremot tvivlar jag inte på att när människor vänder misär, missbruk, eller fruktansvärda vägval till sin fördel, så är det på grund av att det har gett dem en känsla som fått deras hjärna att agera för att de aldrig mer ska behöva hamna där igen. Det är den känslan som du vill åstadkomma, den känslan kan du impregnera ditt undermedvetna med genom att använda principerna och tekniker som självsuggestion.

Men ta till exempel berättelsen om en man som föddes i en väldigt rik familj. Han blev ständigt bortskämd med allt han ville ha, vad han än pekade på under hela sitt liv kunde han få, varje barns, ungdoms och vuxens materiella drömmar blev alltid hans verklighet. I den här berättelsen om sitt liv förklarade han de saker han lärde sig om pengar och dessutom sig själv. Han uppmuntrade alla föräldrar att försöka ge kärlek och inte pengar till sina barn, alltså en investering av kvalitetstid i de relationer du vill ta hand om. Han berättade att han fick tillgång till alla sina aktier och sina fonder i en väldigt tidig ålder, men det är ju ungefär som att vinna på lotto utan att ha kunskap och riktade handlingsplaner för de pengar man har vunnit.

Hur kommer dina barn att känna när de växer upp och inser att du hade kunnat göra mer för att spendera mer kvalitetstid med dem? Men var lugn, nu har du chansen att få tillbaka krafterna, för drivkraften som motiverar dig till att lägga kvalitetstid på dina barn är just din motivation, ditt motiv, ditt varför. Jag menar så klart inte just nu att du helt ska gå och lämna allt annat för att vara med dem alla tjugofyra timmar om dygnet, men det jag menar är att den tid som du redan har avsatt för att vara med dem kan bli mer lärorik, mer utvecklande, mer målmedveten och därför ännu mer tillfredställande.

Vi har tidigare pratat lite om den positiva stoltheten som man får efter att man uppnått något mål, vare sig det är materialistiskt eller icke materialistiskt. Men det försvinner samtidigt som du förlorar känslan av att du har bidragit eller kämpat för det du fått. Ju mer du kämpar, desto bättre kommer resultaten att kännas. Det är vägen dit som är den tid du byter för att komma dit, gör den tiden och vägen utmanande, uppmuntrande, utvecklande, så att du växer med tiden som du lägger ner för att komma dit.

De resultat du får är oundvikliga, för det du sår, det får du också skörda. Så har du lagt ner kvalitetstid så kommer du även att få kvalitativa resultat, och nu pratar vi alltså om abstrakta framgångar. Men sedan så har du även materiella framgångar, de som du drömmer så mycket om: drömhuset, drömbilen, drömbåten, drömpartnern, drömverksamheten, drömjobbet, drömaffären, drömklockan, drömlivet ... Dina drömmar kan bli din verklighet, endast du avgör hur, var och när det kommer att ske, då endast du har kontroll över tankarna som skapar dina drömmar, och som sedan materialiserar dem beroende på hur mycket du har agerat enligt riktade handlingsplaner för att uppnå dem.

Men kom ihåg: ibland händer inte allt på en dag. Det krävs många böcker, många timmar och en känsla av konstant utveckling. Och det är sant: ibland förlorar man för man kan inte alltid vinna, men **att förlora är en del av träningen som tar dig till framgång**.

Och det är precis vad jag menar när jag påstår att det finns en likhet mellan framgång och misslyckande. Att ramla, det kommer du att göra definitivt, utan tvekan. Men med detta så vill jag att du får en känsla som tvingar dig att välja om du ska ramla bakåt eller om du ska ramla framåt. För ibland händer det att man ramlar bakåt också, men så länge du inte ger upp så är du på väg framåt, för du är en med tiden och tiden går inte bakåt.

40. Inbyggda uppfattningar

Theodore Roosevelt kunde inte ha formulerat det bättre: "**In any moment of decision, the best thing you can do is the right thing, the next best thing is the wrong thing, and the worst thing you can do is nothing.**"

Dina inbyggda uppfattningar kan förstöra drömmar och kan skapa destruktiva tankar som påverkar dig så fruktansvärt att du till slut inte gör något alls.

Hur ofta har du hört någon säga: "Det där är omöjligt, det går inte, det finns ingen logik i det, hur tänkte du ens"? "Jag har gjort det förr, jag vet att det inte fungerar, jag vill bara ditt bästa." Det kanske till och med är så att det är vi som ibland har en sådan inställning? Vi säger saker till oss själva som sedan gör att vi ger upp. Men jag tar mig friheten att fråga: Med tanke på hur mycket vi har pratat om kraften av våra tankar i den här boken, hur kan du då tro att det fungerar precis tvärtom när det gäller destruktiva tankar? Du har rätt: det fungerar åt båda hållen.

Det har sagts en gång att om en man tror att han är en vinnare så är han en vinnare, men tror han att han är en förlorare så är han precis det: en förlorare. Ingen annan kan komma och antyda att du är något om inte du själv tror på det. Om någon säger att du är en vinnare och du tror det, så är du en vinnare, men säger personen att du är en förlorare och du låter det påverka dina tankar, ditt mående och dina handlingar, så är du precis det. Det är dock mycket svårare att neutralisera dåliga kommentarer eller ord, för visst gör de ibland ont? Det har sagts att det krävs minst tio positiva kommentarer för att naturalisera en dålig. Jag hävdar att det varierar från person till person, och det handlar om huruvida du uppfattade den dåliga kommentaren som något dåligt, eller som något konstruktivt eller positivt. Alla kan påverka dig, vare sig det är lite eller mycket, men ingen mer än du kan låta förändringen ske. Det är du som till slut öppnar eller stänger dörrarna för hur mycket du vill lyssna, lära dig, utvecklas, förstå och skapa insikt om. Om du har stängt dörren och gömt nyckeln där du inte ens själv kan hitta den så blir det oerhört svårt att anta en ny inställning för att ta in konstruktiv information. Envishet är bra, men som med nästan allt annat så är envishet som ett tveeggat svärd. Vi har många exempel på det, men jag skulle vilja illustrera dem med lite bilder. Kan du svara högt för dig själv på vad det första är som du ser på de följande bilderna?

Vad ser du på denna bild?

Vad ser du?

Vad du än såg så hade du rätt. Det finns två olika djur på den första bilden och det finns två olika personer på den andra bilden och två olika djur på den tredje bilden. Har du hittat något annat så är det också okej, men för denna övnings skull, så håller vi oss till de saker som vi nämnt. Men ibland har vi slängt bort den nyckel till vår hjärna som gör det möjligt för oss att se detaljerna, det är som man brukar säga: "**Det är svårt att se hela bilden när du är i den.**"

Ibland krävs det att du ser bilden från någon annans perspektiv för att du ska kunna försöka förstå eller se hela bilden.

Vad var det första du såg: en hare, kanin eller en anka? Såg du sedan en ung kvinna eller en gammal tant? Och på den tredje bilden, såg du grodan eller hästen först?

174

Här får du en till bild för att sammanfatta övningen.

Dålig kommunikation och brist på empati kan kosta dig drömjobbet, drömpartnern och till och med drömaffären, så nästa gång du väljer att stänga dörren till din hjärna, se till att du sparar nyckeln där du enkelt kan hitta den så att du kan öppna och titta lite då och då.

IX. Att sträva efter ständig förbättring

41. Fem fördelar med att ha rätt inställning

Vi börjar att luta oss mer och mer åt vad det innebär att ha rätt inställning. Det har sagts en gång att framgång är ett resultat av en positiv inställning. Det finns en unik förmåga hos alla personer som har uppnått någon sorts framgång. Om du tittar noga så kommer du att hitta något speciellt med dessa människor. De finns på de största arbetsplatserna, i de största religionerna, i de lyckligaste familjerna och även i de bästa stora partierna, och nu pratar vi om människor som har klättrat till toppen från botten. Vi kan ganska snabbt se hos dessa personer att de har en fantastiskt bra inställning.

Nu undrar jag: Tror du att deras lycka, framgång och välmående kom efter att de hade fått sina titlar? Att en dag så vaknade de plötsligt och upptäckte att de var framgångsrika? Jag vill hävda att alla dessa personer har haft framgång i sina liv sedan den dagen de **bestämde** sig för att ändra sin inställning till den attityd som man hittar hos andra framgångsrika personer.

Det är vi och endast vi som på grund av vår ursprungliga uppfattning om livet ger framgång en definition. För många är definitionen av framgång egentligen helt enkelt vad ögat kan se i ett materialistiskt tillstånd. För att kunna se framgång hos andra människor så måste vi dock utveckla vår förmåga av att se bortom det ögat kan se.

Därför kan de flesta av oss inte se framgång förrän den har materialiserats framför oss i form av resultat. Det är också den trista anledningen till att många tror att en person som har många saker är framgångsrik. Framgång är en kombination av rätt inställning och resultat. Det ena kan inte finnas utan det andra och tvärtom för att hela ekvationen ska vara fullbordad. Rätt inställning skapar en framgångsrik framtid.

En annan fördel med rätt inställning är att människor är mer villiga att följa och hjälpa en ledare, än att lyssna på en hänsynslös och maktsökande chef. Du kan uppnå vad du vill i ditt liv, men endast om du först är villig att vägleda och hjälpa andra att uppnå vad de vill i sitt liv. Det har sagts en gång att "den störste bland er ska vara er tjänare" (Matteus evangeliet 23:11.)

Det finns många fördelar människan kan uppnå med rätt inställning. I denna bok har vi gått igenom ett flertal av dem, men nu vill jag att du tar dig en stund och tänker på följande fråga: Hur vore mitt liv om jag vore den lyckligaste versionen av mig själv? Visst börjar man vandra iväg lite och drömma om allt som man kan vara, ha eller vem man till och med är med? Precis den känslan av lycka är en till fördel man kan uppnå med rätt inställning. Det är något du kan välja inte bara en gång, utan det krävs att du väljer den inställningen varje dag i resten av dina dagar. Tro mig, det går att välja och vara lycklig trots alla tragedier som händer konstant, men endast du kan trycka på knappen för rätt inställning och göra någonting åt det.

En fjärde fördel med rätt inställning är inget annat än att med rätt inställning kan du skapa, eller till och med skaffa dig, den perfekta relationen, vare sig den är med vänner eller din partner. Rätt positiva inställning gällande problemlösning är vad som krävs av er för att er kärlek ska växa starkare, och ju mer ni klarar av tillsammans, desto mer kommer ni att älska och växa med varandra, så länge ni har rätt inställning. Visst kan det kännas ibland som att man ger mer än den andra, utan att få något tillbaka? Problemet ligger alltid hos den som känner så. Det jag vill förespråka är att den andra gör och ger alltid något tillbaka, men att vi är så självupptagna med vad vi själva har gett och det gör att vi slutar att vara uppmärksamma, och börjar blunda för de bra saker en annan person gör för oss.

Visst känns det jobbigt när man inte får den respons man kanske förväntade sig för till exempel den goda middagen du lagade för din man eller hustru efter jobbet förra fredagen? Alla timmars arbete och allt slit kan ibland göra att du lägger

177

mer värde vid det du har gjort och därför blir det kanske svårare för dig att förstå någon annan som inte har lagt märke till ditt arbete och endast fått se slutprodukten. Eller?

Det är inte fel att ge något som du byggt upp själv ett visst värde, men förvänta dig inte att andra kommer att ge det samma värde eller uppskattning som du bara för att du har lagt många timmar på det. Tänk på att de bara har sett resultatet. Du sätter inte upp en skylt på maten som säger hur många timmar den tog att göra, eller hur? Din partner kanske svarar med ett "Åhh, vad gott det var!" men du kanske förväntade dig ett "Älskling, det här är det bästa jag någonsin har ätit!!"

Människor visar sin uppskattning på olika sett, men förlita dig inte endast på det för att din relation ska blomstra, utan börja se alla detaljer som inte har med vad du har gjort, eller vad du har orsakat att göra. Presenter är mer uppskattade när man inte förväntar sig dem, samma sak med goda gärningar. Det finns saker hos din partner, och i hans eller hennes personlighet som gör honom eller henne unik. Öppna ögonen och se, för det är här rätt nyfikna inställning gör det möjligt för dig att skapa och utveckla din lyckligaste relation. Ni är båda unika, och det är just därför ni kompletterar varandra, men lägg märke till detaljerna. Fokusera mer på vad den personen egentligen är och på vad den personen betyder för dig för att ni ska kunna uppnå ännu mer lycka tillsammans. Ni behöver inte vara lika, men visst vore det ännu bättre om ni båda alltid strävade efter att ha rätt inställning?

Det finns betydligt fler fördelar än de som vi tar upp just nu, men sist men inte minst i detta kapitel skulle jag vilja ta upp en fördel med rätt inställning som egentligen är a och o. Det gäller de småsaker i det här livet som tar väldigt mycket onödig energi från oss allihop. Visste du att många människor lägger oerhört mycket energi på saker de inte kan påverka?

Till exempel vädret, andra människors inställning, det förflutna, och mycket mer. Men jag måste vara ärlig: denna del av boken tog oerhört mycket energi från mig att skriva, då jag hade svårt att hitta saker man kan oroa sig för i onödan, som till exempel en negativ och pessimistisk framtid.

Följande hände mig nyligen: Jag ringde och beställde en pizza från den pizzeria som jag alltid har gått och beställt från sedan jag var liten. Trots att jag nu har flyttat många kilometer bort så beställer jag alltid där. Jag gjorde min vanliga beställning av en pizza som jag gärna ville ha skuren i bitar som vanligt.

När jag kom fram till pizzerian så hälsade jag vänligt som vanligt, och öppnade min pizza för att försäkra mig om att den är vad jag har beställt. Den såg skuren ut, men jag var osäker så jag frågade: "Ursäkta, är den skuren?" Ägaren tog den och ändrade sitt vänliga röstläge till en ganska hetsig och otrevlig ton, han sa: "Du har inte sagt att du ville ha den skuren, hade du sagt det så hade jag skurit den!"

Vad hade du gjort? Lägg nu märke till hur jag poängterade att jag har gått till denna pizzeria sedan jag var liten. Jag åker flera kilometer bort för att fortfarande äta på samma ställe och vara en trogen kund. Är det normalt att man förväntar sig bra service om man alltid har fått bra service, och inte minst en känsla om att vilja komma tillbaka och också berätta för alla man känner vilken pizzeria som har de bästa pizzorna i stan? Vad hade du som ägare av denna pizzeria känt om du hade fått läsa det här från en trogen kund?

Det här är vad jag valde att göra: Ägaren hade precis tagit över pizzerian, det visste jag, så jag förväntade mig inte att han skulle veta vem jag var. Jag gick inte heller runt med en liten bricka som sa hur långt jag hade åkt för att köpa just deras pizza. Det är här rätt inställning kommer in. Jag log när jag kom till pizzerian och tänkte inte låta någons dåliga dag förstöra min lyckliga dag. Trots att jag var hungrig och hade kört bil i ungefär fem timmar från Stockholm till Göteborg utan att stanna, så fortsatte jag att le, kanske till och med något extra, och sedan sa jag ingenting medan han uttryckte sig som han gjorde. Jag betalade och sa sedan tack så mycket med den gladaste känsla jag kunde hitta i mitt hungrigaste jag. Det märktes samtidigt hur han upptäckte hos sig själv att han kanske kunde ha sagt det han sa på ett bättre sätt. Vad är bättre att säga tror du: "Hade du sagt åt oss att skära den så hade jag gjort det!" eller att kanske säga "Förlåt mig, jag hörde inte att du sa det, låt oss göra det omedelbart!" Båda sätten är rätt, men båda är inte fördelaktiga. Eller som min favoritbok säger: "Allt är tillåtet, men allt är inte nyttigt." (Första Korinthierbrevet 10:23). Och det kan inte vara fel att dra upp de två främsta reglerna för framgång i företagsvärlden. Nummer ett: Kunden har alltid rätt, och det här vet kunderna. Och nummer två: Om du tvekar på om kunden har rätt, gå tillbaka och läs regel nummer ett igen. Hehe.

Hade du gått tillbaka till den pizzerian tror du? Jag kan säga att jag är nu återigen på jakt efter Sveriges godaste pizza.

42. De som styr sin attityd, styr även sin värld

I början av denna bok tog vi upp att det enda sättet för oss att ha en chans att förändra världen är genom att först börja med att förändra oss själva, och det är möjligt på grund av att det alltid är vi som kan påverka och har den fulla rätten att bestämma över vår attityd.

När du förändrar din inställning från negativ till positiv så kommer du att märka att du drar till dig det som du tänker på, det som du utstrålar och även det som du är. Människor som är negativa drar sig omedvetet till andra negativa människor,

människor som tvärtom är positiva, drar sig automatiskt till positiva personer. Det innebär inte att man inte kan förändra sin inställning om man tidigare har varit pessimistisk. Det bästa med det här är nämligen att du alltid kan börja om med nya vänner, nya relationer, nytt jobb, ny karriär och ny inställning. Det bästa med framtiden är att den kommer en dag i taget.

När du ändrar din attityd så ändrar du även din värld, och ett strålande sätt att börja göra det på är genom att sätta upp en liten skylt med ordet "INSTÄLLNING" någonstans där du kan se den varje dag. Det kan vara på spegeln i badrummet eller på backspegeln i din bil. Någonstans där du vet att du inte kommer att missa den. Det kommer att hjälpa dig varje dag att ta kontroll över den rätta inställningen som du bör anta så fort du går upp. Du kommer att märka ganska snabbt att världen runt omkring dig kommer att förändras till den mest magiska och harmoniska miljön som du någonsin har befunnit dig i, och inte nog med det så kommer du även att upptäcka att allt det här började med endast en tanke, en känsla, ett ord, en handling, en vana som till slut ledde till en inkorporation av en ny egenskap i din personlighet.

Din värld kanske inte har varit som du alltid har föreställt dig. Din värld kanske har varit fylld med besvikelser, med oönskade resultat, och till och med elände, men detta var innan du tog kontroll över din attityd – alltså det viktigaste du kan påverka, det som avgör vad du behöver fokusera på. Ställ dig frågan: Var ska jag rikta mitt fokus just nu? Ekonomin som går dåligt i landet? Ja, kanske om du sitter i regeringen, men om du inte gör det? Har du råd, alltså tid att lägga din dyrbara energi på att oroa dig över saker som du inte kan påverka? Varje sekund som går är en ny chans, en ny möjlighet att välja att ta kontroll över hur du vill att ditt liv ska se ut. Det krävs en dröm och en stark vilja för att få det drömliv som du alltid föreställt dig.

43. Vad är bättre att sträva efter: pengar eller bättre egenskaper?

Låt oss snacka pengar. IGEN. Vad är pengar, vad betyder pengar för dig, och hur kan pengar rädda liv?

När vi snackar pengar, vad tänker du på då? Vad har skolan lärt dig om pengar? Vi blev lärda att för att skaffa pengar så måste man jobba för dem, vill vi skaffa mer pengar så måste vi skaffa oss bättre utbildning, men det var det enda som vi hörde om pengar i skolan. Plugga hårt för att sedan jobba hårt och tjäna hårda pengar.

Pengar är det betalningsmedel som används i olika samhällen för handeln av tjänster och produkter. Men vad betyder pengar för dig? Frågan är snarare hur mycket betyder pengar för dig och vilket värde har pengarna för dig? Skulle du hålla med om att det kanske varierar beroende på vilken situation du befinner dig i? Låt oss till exempel säga att du är en ensamstående förälder med sex barn. Alla dina tillgångar är slut, du har ingen du kan vända dig till i ett land där hjälp inte är möjligt. Ett av dina barn har fått tre månader kvar att leva om inte en extremt dyr och akut operation genomförs. I det här läget, vad hade du varit villig att göra för de pengar som behövs för att rädda ditt barn? Hur mycket värde har pengarna i det tillfället? Hur mycket är ditt barns liv värt för dig? Lite dramatiskt exempel måste jag ändå medge, men poängen är gjord. Pengar är viktigt och pengar kan rädda liv. Denna berättelse, sorlig som den låter, är ganska lik en verklig händelse som drabbade en kvinna under 1960-talet.

Hon berättar: månaden var september 1960. Jag vaknade en morgon med sex hungriga barn och bara en dollar i fickan. Min man, pappan till mina barn, hade lämnat mig utan några

182

ledtrådar om var han tagit vägen. Mina pojkar var mellan tre månader och sju år gamla, deras syster var fyra. Kanske var det inte så illa. Barnens pappa hade aldrig varit en bra pappa – alla kände rädsla när han var där. Barnen brukade gömma sig under sina sängar när de hörde hans bil dra in på uppfarten. Men med detta sagt, tog han ändå hem pengar varje vecka så vi fick nog för att köpa mat.

Nu när han hade bestämt sig för att lämna oss, skulle ilskan och aggressionen säkert försvinna. Tyvärr skulle maten också göra det. Det kan ha funnits ett välfärdssystem i landet vid den tiden. Men om det fanns, så var jag inte medveten om det. Jag kunde verkligen inte ha bett om pengar. Så jag gjorde i ordning barnen så att de såg anständiga ut. Jag sålde min finaste klänning, satte barnen i vår rostiga gamla Chevrolet från 1951 och körde iväg för att hitta något jobb.

Jag besökte varje fabrik, butik och restaurang i vår lilla by. Jag hade ingen framgång. När det var möjligt väntade barnen i bilen och var tysta medan jag försökte övertyga cheferna om att jag var villig att lära mig någonting, göra någonting. Om de bara skulle kunna ge mig en chans. Jag letade, men fann inga lediga jobb. Den sista platsen vi försökte på låg några mil utanför staden. Det var en gammal restaurang som hade omvandlats till ett kafé. Det kallades "Big Wheel". En gammal kvinna som alla kände som "farmor" ägde kafét. Hon kikade misstänksamt ut genom fönstret när vi kom fram och det visade sig att hon faktiskt behövde någon som kunde jobba nattskiftet från 23.00 till 7.00, hon betalade ut fyra och en halv dollar i timmen och var villig att låta mig börja med en gång.

Jag rusade hem och ringde genast till grannens dotter som bodde på vår gata. Hon hade tagit hand om barnen för oss tidigare och jag sa till henne att hon kunde sova på soffan för arton dollar per natt, så länge hon såg till att barnen gick och lade sig. Hon tyckte att det hela lät okej, så det problemet

183

löste sig. Den natten, när barnen gjorde sig redo för att gå och lägga sig, var jag extremt tacksam för att vi återigen hade fått en ny chans att börja om och för att jag skulle kunna ta hand om mina barn. Det var så jag började jobba på Big Wheel. När jag kom hem nästa morgon väckte jag barnvakten och skickade hem henne med sin lön. Det visade sig vara ungefär hälften av det jag hade tjänat.

När veckorna gick så steg även våra elräkningar. Vi bodde under dåliga ekonomiska omständigheter och vi hade knappats pengar för att överleva dagen, dessutom var däcken på vår gamla bil extremt gamla. Jag var tvungen att fylla däcken med luft på väg till jobbet, och återigen när jag kom hem.

En särskilt dyster höstmorgon gick jag till min bil för att lämna arbetet och åka hem. Jag hittade fyra nya däck i baksätet. Helt nya! Det fanns inget meddelande eller anteckning. Det fanns ingenting annat i bilen. Inget, förutom fyra fina nya däck. "Finns det verkligen änglar i vår stad?" undrade jag för mig själv. Jag anordnade ett möte på den lokala bensinstationen och förhandlade om att i utbyte mot att montera de nya däcken så skulle jag städa chefskontoret. Jag kommer ihåg att det tog mig mycket längre tid att skrubba golvet än vad det tog för dem att byta däcken.

En dag när det var dags för mig att gå hem klockan 7.00 på morgonen på juldagen så såg jag att det fanns ett antal paket i min gamla bil. Den var faktiskt fylld med lådor. Jag öppnade snabbt dörren och började rota i baksätet. När jag öppnade den första lådan var den full av byxor i en mängd olika barnstorlekar. Jag öppnade en annan låda, den var full av skjortor och tröjor. Sedan tittade jag i några av de andra lådorna, där fanns det godis, nötter, frukter ... Det fanns en stor julskinka, konserverade grönsaker, potatis. Det fanns puddingar, kakor, pajer och mjöl. Jag hittade en helt separat låda med hygienprodukter och rengöringsmedel. Sedan, i det sista paketet, hittade jag fem leksaksbilar och en vacker liten docka. När jag körde hem på våra tomma gator steg solen långsamt över staden. Jag grät tårar av tacksamhet. Jag kommer aldrig att glömma mina dyrbara barns ansikten den morgonen när de fick sina presenter. Ja, det fanns faktiskt änglar som bodde i vår lilla stad för länge sedan i december 1960. De spenderade bara sin tid på kafét Big Wheels.

Vi måste acceptera att pengar får världen att rulla, men låt oss aldrig acceptera att vi rullar med pengarna och ser förbi de som verkligen behöver en hjälpande hand.

Vi vet inte vem eller vilka som hjälpte den ensamstående mamman i berättelsen, men en sak är säker: personen som gjorde det hade både pengar och något mer, nämligen oändligt värdefulla egenskaper som motiverade henne eller honom till att kunna handla väl mot en annan människa utan att förvänta sig något i gengäld.

Vem levde livet och vem överlevde det, den som gav eller den som fick? Eller båda kanske levde med rätt inställning, men från två olika håll?

Pengar är bra, använd dem väl. Utan pengar är det svårt att leva i en värld som är pengastyrd.

44. Hur kan du skilja på ett konstruktivt beteende och ett destruktivt beteende?

Är vi alla medvetna om våra tankar, vad vi säger till oss själva, och även vad vi återspeglar? Jag vill påstå att vi i de flesta fall vet om vi är destruktiva eller konstruktiva. I de bästa fallen känner du dig själv väl, så pass väl att du vet vad du går igenom och även hur du kommer därifrån. Men du har själv valt att parkera bilen vid sidan om vägen men en stor varningstriangel 50 meter framför den. I de här fallen är det inga problem, du vet vägen ut. Du behöver bara bottna för att studsa tillbaka upp, och det är okej.

Men visst har vi någon gång varit destruktiva utan att medvetet ha kontroll över det vi tänker, säger eller känner?

Det är här faran kommer in som bara du kan ta dig ur. Men hur vet man att man är destruktiv om man inte är medveten om det? Det kan gå så långt att man till slut accepterar det som en av sina personlighetsdrag. Några symptom är vanliga i dessa fall. Det kan till exempel vara att man väldigt sällan kommer överens med människor. Det börjar synas i samspelet med nära och kära ganska snabbt. Vi har redan talat om att när man vill etablera nya relationer, så är bland det viktigaste man kan göra för att få relationen att rulla, att genast hitta något man har gemensamt med den andra personen, något som man kan relatera till, vare sig det är litet eller stort. Det kan vara att man gillar samma fotbollslag, att man har samma klädstil utanför jobbet eller att man utövar samma sport. Det som händer med våra känslor direkt då är att vi resonerar ganska snabbt att om denna person gillar det jag gillar så måste denna person vara trevlig och skön eftersom jag är trevlig och skön. Med det sagt, så märker vi faran som uppstår ganska snabbt i våra relationer när vi istället för att hitta något att hålla med om så försöker vi ständigt säga emot eller hitta något som vi inte håller med om i till exempel konversationerna med våra nära och kära. Självklart kan man diskutera, men är beteendet återkommande? Är det enda jag letar efter i interaktionen med andra? Är det något som brister som jag kan försöka rätta till? Eller borde jag snarare hugga till?

Ett annat symtom som man finner när man håller på att bli destruktiv eller redan är destruktiv, är att man blir mindre ordningsam och slutar bryr sig om sig själv och hur man äter, hur man sover, hur man städar, hur man klär sig, hur man håller sin bil i ordning, och till och med hur frisyren ser ut. Den fysiska och mentala hälsan minskar något så dramatisk att det nästan är omöjligt att se om man själv är kvar i bilden.

Nära och kära kommer att säga till, men för den som är destruktiv kommer råden att uppfattas som försök att ändra vilka de är och det kommer inte att hjälpa. Det finns då två olika uppfattningar av en och samma person. Tanken som pågår i deras hjärna är: "Andra uppfattar mig på ett sätt, men jag är på ett annat, och gillar du inte det så kan du dra."

En människa med ett konstruktivt beteende hade istället frågat sig: Är jag verkligen lycklig just nu? Hur och vad kan jag göra för att se råd som något konstruktivt och inte som att någon försöker ändra på mig? Om personen inte hade brytt sig om mig eller mitt välmående, hade personen då verkligen sagt något alls? Kan jag försöka se bilden utan mig själv i den? Vad hade jag gjort om det vore min bästa vän som hade hamnat i ett destruktivt beteende?

Det är du själv som till slut kommer att behöva inse att du är destruktiv för att kunna bli konstruktiv. Det är det enda sättet. Och resultaten, alltså frukterna du skördar av ditt destruktiva beteende, kommer att få dig att vakna och inse att den miljö du befinner dig i och dina omständigheter, är endast något som ditt beteende har dragit till sig.

X. Förmågan att förlåta

45. Att bli förlåten är bra, men att förlåta och glömma är ännu bättre

Jag minns när jag var barn, och du vet hur barn kan vara ibland, de kan många gånger bli osams, men de blir också väldigt snabbt vänner igen. Hur kommer det sig att barn har så lätt att ta illa upp men ändå så lätt att sedan släppa det?

Nu syftar jag på de där diskussionerna man kanske hamnade i skolan, eller till och med de där fysiska bråken med kompisar.

Kan du tänka dig en situation där du har varit tvungen att försvara dig fysiskt? Du har kanske aldrig varit inblandad i ett fysiskt slagsmål, men du har med all säkerhet någon gång varit osams med någon.

Kan du komma ihåg anledningen? Kan du komma ihåg hur många gånger det har hänt? Vem eller vilka var inblandade? Går du runt med en svart lista över människor som du hatar i huvudet? Kan det vara ännu värre och till och med så att det är människor som du någon gång har älskat och litat på som har visat sig vara helt andra människor?

Det är okej att vara arg ibland, det är okej att bli besviken och ledsen. Allt det hör ju ihop med vår mänsklighet. Vi är ju trots allt känslostyrda.

Men kan du nu tänka på när du kanske har lyckats förlåta någon, verkligen förlåta dem? Hur kändes det då? Visst är det en härlig känsla att trots att man har olika argument så kan man förbli vänner? Att trots att barn bråkar med sina kompisar kan de fortfarande bli bästisar igen dagen efter?

Många av oss strävar efter en den unika förmågan att kunna förlåta, men ännu bättre vore det att aldrig någonsin mer vara kapabel till att ta illa upp från första början. Att sträva å sikta allihop mot en sådan kraft som kan hjälpa oss att i de flesta fall inte ta illa upp. Orättvisor och människor med olika åsikter än dig kommer det alltid att finnas. Människor som agerar och säger saker som sårar dig, människor som tyvärr gör dig besviken ... Det finns inte någon som slipper undan den här typen av erfarenheter. Har vi inte träffat dem än så kommer de att dyka upp när vi minst anar det.

Det bästa vi kan göra är att utöka vår förmåga att förlåta, och ännu bättre att inte ta illa upp från början. Med det menar jag att man kommer till en punkt när man inte tänker något negativt alls vid en interaktion med någon utan man utgår från att alla människor vill en väl. Svårt eller hur? Men är det omöjligt? Det vet vi ju inte. Vi människor utvecklas förhoppningsvis mot att bli bättre och mer intelligenta versioner av oss själva, så vi till slut kan uppnå den förmåga som vi hade när vi var barn. Har vi kunnat lösa det en gång i tiden, så kan vi med all säkerhet göra det igen.

Grattis till dig om du försöker se varje bemötande och situation som positiv. Men har man fått ett dåligt bemötande, själv upptäckt det och sedan försökt att tänka positivt, så har vi fortfarande tänkt negativt FÖRST. Om vi bara accepterade att alla människor inte tänker som oss och om vi inte tog illa upp om till exempel någon som du inte känner inte hälsade tillbaka på dig när DU vaknade på rätt sida och ville hälsa och önska en god morgon, så skulle många fortsätta säga god morgon till andra nya människor, och det skulle i sin tur sprida mer kärlek. Det är få som lyser upp denna värld, vågar du ta på dig den rollen?

Kan du glömma och gå vidare när någon som du inte kände har varit otrevlig mot dig? Eller måste du hugga till direkt? Kan du försöka att testa igen en annan gång? Eller måste du sluta sprida kärlek bara för att någon inte gav den responsen du kanske hade förväntat dig?

Jag vet att du har kunnat förlåta någon gång. Kanske var det när du var liten, eller kanske var det när din sambo åt den sista vita chokladbiten ur Marabou-asken. Hur kändes det? Visst kändes det bra att inte haka upp sig på småsaker? Men kan du även förlåta när det gäller större saker?

Kan man hålla fast vid något litet, så har man större chans att hålla fast vid något stort.

Eller som det står i min favoritbok: " Den som är trogen i smått är också trogen i stort, och den som är orättfärdig i smått är också orättfärdig i stort." – Lukasevangeliet 16:10.

Hur jobbigt var det att förlåta när du väl gjorde det? Har dina föräldrar någonsin tvingat dig gå fram till kompisen efter att du betett dig illa för att skaka hand och bli sams? Var du det barn som vägrade att skaka hand, men sedan gjorde det mot all förmodan? Visst kan det vara rätt svårt att försöka rätta till situationen och ta första steget mot att bli sams? Det kan handla om konflikter med din arbetskollega, din chef, din partner, dina syskon, dina barn, dina föräldrar och även din bästa vän, men de här situationerna är känsligare, och visst kan mycket stå på spel om man inte väljer sina fighter rätt? Tro mig när jag säger att det är mycket bättre att förlora en fight och istället vinna en starkare relation.

Så vad innebär det att förlåta och glömma? Det innebär att man från hjärtat verkligen släpper det som har hänt, att man anstränger sig och lägger ner all energi och fokus som krävs för att de dåliga känslorna inte ska sitta kvar, så att man till slut kan glömma den dåliga situationen helt. De försvinner snabbare om vi väljer att inte endast fokusera på att förtränga. Det går snabbare om vi lägger energi på de bra saker som personen har gjort, de fina egenskaperna som personen har att erbjuda, och om vi tänker att personen är unik och kapabel till så mycket mer. Ingen person är hopplös. Det är en av de viktigaste ingredienserna för att verkligen kunna vara fri och lycklig.

"WHEN YOU SAY A SITUATION OR SOMEONE IS HOPELESS, YOU ARE SLAMMING THE DOOR IN THE FACE OF GOD!" – Charles L. Allen

190

Härnäst kommer ett tips från Brian Tracy. Han säger att det viktigaste i slutändan är att du helt och hållet blir befriad från negativa tankar som du kan ha från en situation där någon har gjort dig besviken, men det bästa är egentligen att prata med personen som det gäller ansikte mot ansikte i syfte att lösa problemet och förlåta.

Det han menar också är att det finns vissa tillfällen där det har gått så långt att personen som du har sårat varken vill se dig eller prata med dig. Han rekommenderar att alla som har ett sådant problem skriver ett brev. Det handlar framför allt om ett brev där du ärligt och öppet erkänner dina misstag om du nu har gjort något, vilket du troligtvis har. Sedan är det viktigt att du fokuserar på att be om förlåtelse och lyfter fram hur mycket er vänskap betyder för dig. Du kan ta upp något fint som ni har gått igenom tillsammans, och även lyfta fram personens goda egenskaper och varför den betyder så mycket för dig. Sist men inte minst bör du se till att personen begriper till hundra procent att du förstår honom eller henne och kan se det som hände från hans eller hennes perspektiv. Det är svårt att göra allt det här när man bara skriver, och eftersom det är läsaren som uppfattar och ger mening åt det som läses så är det viktigt att du låter någon annan läsa brevet innan du skickar det.

När du väl gör detta så kommer du genast att må mycket bättre. Det spelar inte någon roll om personen inte svarar, du gör detta för att du själv ska bli befriad från den negativa händelsen som uppstod med den personen. Tro mig, det fungerar!

46. Borde jag ta initiativet?

En person som bevittnar ett brott blir skyldig att göra ett val: att säga något eller att inte säga något alls. Oavsett vad man väljer, så är man ett vittne till något.

Frågan här handlar inte om huruvida man borde ta initiativ eller inte, den riktas mest på om man KAN göra det trots att man anser att man inte borde. Kan man verkligen släppa det och fortsätta ha en normal relation till personen, utan att såren från skadan som har skett svider bara genom att man tittar på personen? Hur länge kan du låtsas vara trevlig trots att du tänker på en skada som någon har gjort dig? Du tänker på den så mycket att det känns som att det sitter en liten hackspett i din hjärna som hackar dig varje gång du ser eller inte kommer överens med personen. Det här är bara början på de första konsekvenserna som sedan kan leda till att man till exempel börjar hata sitt jobb. Det kan till och med gå så långt att det förstör lyckliga förhållanden.

Har du sett felsteget så blir du genast skyldig att ta initiativ. Ett "brott" eller felsteg kanske begicks när du och någon annan hamnade i diskussion. Ni sa dumma saker till varandra, och i stundens hetta tänkte du inte på vad du sa. Det var så intensivt att du inte ens kommer ihåg vad DU sa eller gjorde, du kommer oftast ihåg bättre vad den andra gjorde. Du är offret i det här fallet för du var trots allt inblandad och till med upplevde vad som hände. Kan det vara möjligt att den andra personen som var inblandad också kände precis samma sak? Den kanske kände att du var gärningsmannen och att han eller hon var offret? Kan det likaväl vara så att du uttryckte dig minst lika taskigt i stundens hetta och att du har nu glömt vad du har gjort?

Det är oväsentligt nu. Det som har hänt har hänt. Det här har vi pratat om många gånger nu, men det viktiga är vad du väljer att göra med det du vet nu, och vad du har lärt dig från det som hände. Kan du se bilden från sidan eller upp och ner för att inse att det har begåtts ett brott och att bägge parter både är gärningsmän och offer i en diskussion?

Den som kommer till den slutsatsen först, bär genast ett ansvar, nämligen ansvaret att rätta till det som hände, att erkänna sina misstag, förlåta, glömma och gå vidare. Gör du rätt för dig så kommer du genast att börja njuta av en framgångsrik persons attityd.

Det som oftast gör att man inte tar initiativ brukar vara att samma person som gjort dig illa har gjort det även tidigare, och det blir svårt att hålla reda på hur många gånger det har hänt vid det här laget. Är det någon du inte behöver interagera med så ofta, så är det bästa att förlåta från hjärtat, men hålla kontakten på en minimal nivå. Dock kan detta med att hålla låg kontakt bli extremt svårt när du kanske måste träffa personen dag ut och dag in. Därför är det bästa då att se det som en möjlighet till att växa genom att förlåta från hjärtat helt och hållet, kanske till och med lära dig att den personen är speciell och det enda sättet du kan hjälpa till är genom att lyfta upp personen och fokusera på hans eller hennes bra egenskaper istället för det som blir fel. För om det ligger i personligheten så är det mest troligt att hon redan har hamnat i konflikter många gånger om med personer som också har samma brister. Det är upp till dig hur mycket du låter andras personlighetsbrister förstöra din positiva inställning till det verkliga livet som du så länge har jobbat för.

Så hur många gånger bör man förlåta någon? Det finns ingen siffra. Ju mer du förstår att felet alltid ligger hos den som tar åt sig, desto bättre förstår du att en påhittad siffra inte skulle ha någon betydelse. Lär dig att bemästra dina känslor så att du alltid utgår från att mänskligheten i grund och botten vill göra rätt, men att deras brist på personlig utveckling hindrar dem från att göra det. Och ge aldrig upp hoppet på dem, då varje dag är en ny dag, och varje sekund är en möjlighet till förändring.

47. Varför ska jag förlåta någon som inte ber om ursäkt?

Visst kan det vara svårt att förlåta någon som klart och tydligt har gjort bort sig men inte visar ens en liten nypa ånger? Men det är inte omöjligt, speciellt inte om man funderar på alla nackdelar och fördelar inblandade när det gäller ens egen personliga utveckling. Vilka principer kan du använda här som direkt kan dyka upp i din hjärna när det blir svårt att förlåta någon som inte ber om ursäkt? Kan det vara den gyllene regeln om att alltid behandla andra som man själv skulle vilja bli behandlad? Det är svårt att göra så i det här fallet, då den andra personen i exemplet inte känner någon skam. Alltså lever den sitt liv som vanligt och erkänner inte att den har handlat fel mot dig eller andra. Vad gör man då i en sådan situation? Du vill ju inte hamna i någon onödig diskussion, så det bästa vore att förlåta personen innan du ens går fram och säger något för att hjälpa den i framtiden. Gör du inte det så blir allt du säger istället som att du vill tvinga på personen dina regler och dina åsikter, vilket skapar en onödigt dålig stämning då reaktionen kan bli helt fel från den som inte känner skam. Vill du säga något, försäkra dig själv då först om att du verkligen vill hjälpa till, och att du bryr dig om din medmänniska, eller säg inget alls.

Säg inget alls om motivet bakom återkopplingen inte är positivt. I det fallet så är det bättre att endast förlåta och glömma allting. Dock kan vi inte heller blunda för att det finns vissa därute som ofta får skuldkänslor efter att de har sett hur deras handlingar har sårat eller skadat andra. Dessa personer agerar ganska snabbt och försöker rätta till det, men vi pratar här om den andra gruppen som inte känner någon

194

skam efter att de har sett hur andra blivit sårade och skadade.

Här kommer några fördelar som kommer att motivera dina handlingar och ditt initiativtagande i framtiden: 1) Du hjälper en annan person att växa, samtidigt som du växer själv genom att förlåta en person som inte ber om ursäkt. 2) Du håller dörrarna öppna i relationen, vilket gör att trots missuppfattningar och fel så kan relationen växa. 3) Din energi används endast till det som är viktigt för dig, och du slipper slösa energi. 4) Genom att förlåta varandras brister och misstag kan vi hitta den verkliga lyckan i en värld som styrs av negativitet.

Ju mer vi letar efter brister, desto fler hittar vi hos negativa personer, och det gör oss i sin tur ännu mer negativa själva. Varför inte fokusera på de styrkor som kan föra ihop två människor oavsett ras, och kultur, istället för att fokusera på de brister som till slut till och med kan tvinga två människor isär helt och hållet?

48. Det finns en tid för allt, men när är den?

Vad tänker du på när du hör frasen: "det finns en tid för allt"? Tänker du på att det alltid finns tid för olika saker under din vardag som du behöver hinna med? Eller tänker du kanske på att framgång kommer en vacker dag, så länge du tänker framgångsrikt idag? Strålande, jag berömmer dig för den tanken, men det jag vill ta upp här nu, gäller olika lägen i livet där man kanske behöver känna av miljön innan man säger något. När är det rätt tid att be om ursäkt? Först och främst så är det viktigt att du verkligen menar vad du säger och gör det du menar, annars så säger du endast tomma ord som låter fina men som inte har någon betydelse. Tänk på att det inte spelar någon roll vad du säger, utan det som spelar roll är hur mottagaren uppfattar det du säger och ditt motiv bakom det du säger.

Du kanske har hamnat i ett gräl någon gång, där du sa saker som du inte ville säga och upptäckte det sekunden efter att du skrikit ut det? Eller tvärtom, du kanske har fått höra elaka kommentarer från någon där personen direkt efter bett om ursäkt och sagt: "Jag menade inte det, förlåt!" Hur kändes det att vara den som skrek? Och hur kändes det att vara den som blev sårad? Visst är vi inte några robotar. Det kommer att göra ont, och det är kanske inte lätt att förlåta på direkten, men gör dig själv en stor tjänst och gör allt du kan för att försöka förlåta så snabbt du kan i sådana lägen. Så fort känslorna har lugnat ner sig lite så är det oerhört viktigt att du anstränger dig för att försöka glömma vad som sas.

Vad är det som gör att man kan säga elaka saker utan att tänka när man blir arg? Det är oftast sant att en person menar det hemska som sägs när känslorna tar över, för då kommer hjärtats språk fram. Det gör att man blir ännu mer sårad, för det kanske inte är sant enligt dig, men den som sa det tycker verkligen så och det gör då ännu mer ont för dig som får höra det.

Hur kan man då förlåta någon efter det? Det är helt okej att bli ledsen, besviken och arg, men hur länge ska du låta någon annans brist på anständighet sänka din energi och ditt fokus? Vissa låter det gå så långt att man till slut själv börjar tro på vad som sas, och det leder till ett negativ inställning. Hur ser du på sanningen som sas? Det är hur du ser på det som spelar roll. Men låt oss stanna på jorden och tänka lite realistiskt: Om vi människor allihop har brister och fruktansvärda egenskaper som vi är medvetna om, vad hjälper det då att ta åt sig när du vet att när de blandas med djupa känslor så försvinner oftast våra filter? Det är inte så att man är oärlig annars, det som brister i de här situationerna är

196

anständigheten. För vi skulle lätt kunna dra fram ett papper och penna och börja skriva ner allt som vi inte gillar hos någon, även alla deras brister, men vad skulle det tjäna till om vi gjorde det och sedan gick fram och uttryckte det öppet, utan att de ens hade frågat om det? Vem vill höra sina brister utan att man har frågat om dem? Jo, den framgångsrika människan. Den gör tvärtom, precis så. Hon eller han vill ha återkoppling, hen går gärna fram till människor runt omkring och frågar om råd, till och med när det gäller den egna personligheten. Den person som är ödmjuk är också framgångsrik. Och ödmjukhet är alltså insikten om att man aldrig blir färdig, utan att man alltid kan lära sig något nytt från någon annan än sig själv – oavsett vem det gäller, till och med från barn.

Låt oss gå tillbaka till exemplet. Så om en person direkt tänker till och ångrar det som sas, betyder det att man ändå menar det man sa, men att man ångrar att man sa det, och därmed erkänner man sin brist på anständighet och är redan där framgångsrik som lät inte känslorna kontrollera hjärnan mer än vad de borde? Ja, du är då framgångsrik om du kan förlåta och glömma när du blir sårad, och du är framgångsrik om du kan erkänna dina misstag och rätta till det som du har gjort fel.

49. Fem enkla tips som gör det lättare att förlåta

1. Fokusera på fördelarna

Vi kan se att människor som förlåter inte bara mår bra psykiskt, utan det visar sig också i deras sätt att ta hand om sig själva vad det gäller fysisk hälsa, såsom träning och matvanor. En människa som lever i harmoni med vad den har lärt sig kommer inte bara att känna sig fri, utan också kunna njuta av kärleken den ger. Det bidrar i sin tur till att den onda cirkeln bryts och någon börjar sprida äkta kärlek som smittar av sig väldigt snabbt till kollegor, familjemedlemmar och även vänner.

2. Fokusera på andras problem

Jag menar så klart inte att du ska gå och må dåligt på grund av människors olika bekymmer, tvärtom. Det jag menar här är att om du fokuserar på att hjälpa människor som också har bekymmer genom att du ser på bilden en sekund ur deras perspektiv, så tappar du genast fokus på dina egna problem och det gör det lättare för dig att förlåta den som har det tuffare än dig när den personen råkar såra dig.

3. Fokusera på det som står på spel

Det kanske har hänt något mellan dig och en kollega som du måste träffa dag ut och dag in. Vad är då bättre att fokusera på: en lösning där ni verkligen accepterar varandras brister och fortsätter att samarbeta framåt för er relations skull och er egen skull, eller att ni ältar och till slut exploderar i konflikt med varandra, och dessutom kanske låter det gå så långt att någon slutar sitt arbete på grund av att det inte gick att lösa?

Att leva med negativa tankar som man tror är under kontroll, är inte hälsosamt utan det både förstör stämningen i en arbetsplats och splittrar lyckliga familjer, dessutom så blir barnens uppfostran inte den bästa.

4. Fokusera på dina drömmar

Förlåt alla som någon gång har sårat dig, och med det menar jag att du verkligen ska förlåta och *glömma* från hjärtat, trots att du kanske inte behöver se den personen igen. Att göra det kommer att vidga dina vyer och du kommer att sluta döma nya människor utifrån dina gamla sår. Tänk på att dessa människor kan vara broarna som tar dig till framgång och till slut mot en verklighet som en gång var en dröm.

5. Fokusera på din ekonomi

Pengar, som allt annat du vill dra till dig, behöver komma från en godkänd källa. Alltså måste alla pengar du tjänar in vara lagliga och tjänas in på ett ärligt sätt i harmoni med ditt samvete. Att gå med negativa tankar och fokusera på alla som har gjort dig något illa utan att du förlåtit dem, kan leda till att när det väl handlar om pengar, så börjar man själv vara oärlig. Det blir till slut en vana som tar över ditt beteende och som utförs omedvetet mot vem som helst, inte bara mot den som har gjort dig något illa.

XI. Inte bara motsats, utan bra-sats och fel-sats

50. Agera och interagera istället för att reagera

Det sägs att man inte ska skjuta upp saker alls. Jag säger att vi måste skjuta upp vissa saker, men endast det som är oviktigt. Skjut upp att sova för länge, skjut upp att kolla för länge på tv, skjut upp att surfa för länge och ödsla tid på sociala medier. Skjut även upp negativa känslor, skjut upp otåligheten som dyker upp när något eller någon stör dig, skjut upp att säga elaka kommentarer utan att tänka först på vad du säger. Skjut upp att reagera.

Alla dessa exempel är just det, exempel, och självklart är det helt okej att prioritera dessa, om de står högst upp på din lista på vad som är väsentligt för din framtid, din nutid och ditt liv.

Vet du vad skillnaden är på en termometer och ett element? Många av oss känner igen det där med att man blir som man umgås – om man inte påverkar miljön så blir man påverkad av den. Du kan enkelt göra ett litet test nästa gång du går på promenad med någon. Det händer något märkligt när man promenerar med någon annan. Vi alla går i olika hastigheter när vi är själva var för sig, men när du går bredvid någon så händer något speciellt: antingen anpassar du din hastighet efter den andra personens hastighet, eller så anpassas den personens hastighet efter din. Vems hastighet har du anpassat dig efter?

Det här med promenaden har mycket att göra med skillnaden mellan en termometer och ett element. En termometer visar temperaturen, men ett element reglerar temperaturen i rummet. Frågan är vad du är, en termometer eller ett element? Finns det en ledartyp i dig, eller är du den som följer? Den framgångsrika och ödmjuka entreprenören kommer till insikt om att man är både ledaren och följaren.

Men när det gäller ekonomi och välmående, hur gör man då? En man sa nog det viktigaste man kunde säga till någon när det gäller ekonomin. Han sa till sin son: "Pojk, vill du vara framgångsrik någon gång? Titta då på rika människor och gör vad de gör, och titta sedan på fattiga människor och låt bli att göra vad de gör."

När det gäller välmående går det snabbt att veta om du är den som agerar eller om du är den som reagerar på alla andras inställning eller på den miljö eller situation du har framför dig. Skulle du säga att du är den som sätter stämningen i rummet måndag morgon på jobbet? När alla andra är nere och redan vill gå hem för veckan, är du då den som agerar och bidrar med positiv energi i rummet? Som ser veckan som en ny chans till nya möjligheter och förbättringar? Eller är du den som smittas av den deppiga energin i gruppen och snabbt blir deppig du också? Sätter du temperaturen och gör rummet varmt om det är kallt? Eller börjar du genast frysa och stelna till när du kommer in? Det spelar inte någon roll vad du är eller vad du har gjort, det enda som spelar roll är vem du vill vara. Men ställ dig frågan:

Är jag villig att offra vem jag är för att bli den jag vill vara? Ska du bli någon annan än dig själv? Nej, bli bara en bättre version av dig själv. Börja med att agera i förväg, så att kroppen blir immun mot att reagera i efterhand.

51. Lyckan finns i att misslyckas

Allt handlar om perspektiv, och i allas ögon skiljer sig definitionen av vilken som är den bra sidan och vilken som är den dåliga sidan. Därav bra-sats och fel-sats, inte bara motsats i kapitelrubriken. För när du tänker på det så har väl allt en motsats? Pank eller rik? Uppblåst eller ödmjuk? Besviken eller nöjd? Arg eller snäll? Fiende eller vän? Oavsett vilka ord du associerar med vad, så har jag en fråga till dig: Är det verkligen orden som definierar vad som är bra eller fel, eller är det hur du använder orden som egentligen betyder något? Du ska få en liten övning och den är för att vidga dina vyer och sätta igång din kreativitet.

Fyll i och avsluta meningarna.

Jag kan vara pank _____ och rik när jag _____

Jag är uppblåst _____ men jag vet att andra uppfattar mig som ödmjuk.

Igår blev jag besviken för att_____ men nöjd för att_____

Jag kan bli arg när jag_____

Mitt värsta fiende är_____

Gör det igen, men testa den här gången att verkligen avsluta meningen och vända orden till något positivt som bidrar till din personliga utveckling. Ett exempel på hur jag gjorde kan du finna på nästa sida.

Jag kan vara pank _____ *och rik när jag* _____

Jag är uppblåst _____ *men jag vet att andra uppfattar mig som ödmjuk.*

Igår blev jag besviken för att _____ *men nöjd för att* _____

Jag kan bli arg när jag _____

Mitt värsta fiende är _____

Exempel

Jag kan vara pank men aldrig fattig och rik när jag hjälper andra att uppnå sina mål.

Jag är uppblåst enligt de som vill se mig misslyckas men jag vet att andra uppfattar mig som ödmjuk.

Igår blev jag besviken för att jag inte körde hela mitt träningspass men nöjd för att jag tog mig till gymmet trots att jag var trött.

Jag kan bli arg när jag ser orättvisan i världen.

Mitt värsta fiende är jag själv.

Ord kan bygga eller lyfta upp, men det bestämmer endast du som lägger ihop orden och ger de rätt positiv betydelse.

Jag kan inte understryka nog hur viktigt det är att du tänker positivt, även om orden du hör i vanliga fall används negativt. Det är du som avgör om det är en bra-sats eller en fel-sats, oavsett motsats. Med det sagt vill jag ställa dig en fråga: Hur ser du på dina misslyckanden nu? Efter allt som vi har gått igenom i boken, vad är din definition av misslyckanden? Kan man hitta lycka i att misslyckas?

Lyckan som finns i att misslyckas finns i dig, inte i det misslyckade försöket. Det handlar alltså om hur du, efter allt du gått igenom, väljer att se på det. Väljer du att fortsätta gå bakåt, eller väljer du att endast gå bakåt för att ta sats och springa fram igen? Du är som sagt skaparen av din egen lycka. Och du kommer att misslyckas, men så länge du finner lyckan i att misslyckas så är du ett steg närmare framgång.

Resan kommer att vara fylld med besvikelser och misslyckanden, men trots att du inte har uppnått ditt mål än så behöver du inse att det är efter varje misslyckande som du kan hitta lyckan. Det är då du lär dig något om dig själv, och det du lär dig kan ingen någonsin ta ifrån dig. Så njut av resan trots att du inte riktigt vet hur det kommer att sluta. Det är väsentligt att du tar vara på varenda sekund, och att du tar vara på den tid du är här och den tid du har fått hittills. Du kanske inte finns kvar imorgon och vad har allt då tjänat till om du inte känner att du har gjort ditt bästa och gett ditt allt?

52. Ingen sa att det skulle bli lätt, alla säger att det är svårt

Har du någonsin känt att du vill ge upp, att du inte orkar mer, och att du vill försvinna? Tro mig, det kommer inte att ha varit första eller sista gången du kände så. Det du däremot kan påverka är hur snabbt du kommer tillbaka och hur mycket starkare du ska bli av det som är svårt. Kom ihåg att tuffa tider aldrig håller i under någon längre period, men tuffa människor håller för evigt. Det är i dina värsta tider som vinnarskallen i dig träder fram, det är då vi lär känna oss själva och visar vad vi egentligen är gjorda av.

Vem sa att det skulle bli lätt? Det är tufft.

Det sägs att det bästa sättet att eliminera en fiende är genom att veta allt om den, att lära sig allt man kan om dess taktiker och strategier. Ett miserabelt och tråkigt liv som slår dig gång på gång är inget annat än en fiende som du dag ut och dag in lär dig något av. Så om du nu vet att livet är tufft, vad kan du då göra för att inte bara stå ut med dess hårda slag, utan även vinna alla fighter den ställer till med? Om det är tufft nu, kommer ändå du att jaga din lycka trots allt?

Vi söker inte efter smärta, men vi vet att smärtan bara är temporärt och aldrig permanent. För efter regn kommer solen alltid fram, och i vissa fall också en av naturens fantastiska under – regnbågen.

Så nästa gång du tänker på hur tufft du har det, kom ihåg att tuffa tider bara är tillfälliga. Det är inte första eller sista gången du har det tufft. Det finns tusentals människor som just nu har det tuffare än dig. Efter regn kommer alltid sol.

Se slagen som en välsignelse och som en förberedelse inför livets nästa slag. Fokusera inte på själva smärtan, utan på vad du gjorde för att komma över den, och de principer du använde för att lyckas komma tillbaka starkare och smartare. Det gör du bäst genom att efter varje fall ställa dig frågan: Vad har jag lärt mig från det här? Vad skulle hända om du ställde dig den frågan varje dag innan du gick till sängs? Kan du föreställa dig vad som skulle hända med ett barns uppfostran om en förälder frågade varje dag: "Älskling, vad har du lärt dig idag?"

Du är inte den tuffaste, men du är inte heller den svagaste.

53. Balans är nyckeln

Vi är inne på bokens sista kapitel, och här kommer inte bara en sammanfattning av de principer vi har gått igenom, utan här avslöjas även den viktigaste ingrediensen i mitt recept på framgång.

Skapas målen utifrån resurserna? Eller skapas resurserna utifrån målen? Naturligtvis är det lättare att skapa resurser utifrån mål. Att lista ut vad du vill, vem du vill vara, var du vill vara, med vem du vill vara och hur mycket pengar du vill tjäna, är en människas största slöseri på tid. Har du fortfarande inte bestämt dig kring de här väsentliga delarna i ditt liv, se då till att du tar en stund och skriver ner dem med stora bokstäver just nu. Brist på **beslutsamhet** är inget vi egentligen har råd med. Ju snabbare våra barn hittar svar och bygger upp tro och säkerhet baserat på dessa svar, desto bättre och lyckligare framtid kommer de att få. Men barn ska vara barn.

När du då har begripit av hela ditt hjärta att det **är möjligt** och även har en inbördes prioritering av svaren, kan du hoppa över till nästa steg, vilket handlar om resurserna. Det är här resurserna skapas stegvis i form av kunskap, erfarenhet, kontakter och intäkter, allt detta öppnar nya dörrar för nya möjligheter. Men det är här de flesta förlorar greppet och då börjar prioritera om. Det är helt okej – det är meningen att man ska sätta upp nya och högre mål – men förlora aldrig greppet om de svar du själv har bestämt. Det är svaren på de viktiga frågorna om dig själv och din framtid som kommer att forma din framtid. Svaren bör aldrig förändras om du har svarat rätt från början.

Dina svar ska vara så obegränsade att det aldrig går att uppnå dem.

Varför är det så viktigt? Jo, för att du alltid kan växa som person, och begränsar du dig så lever du inte fullt ut.

Oberoende av om du har olika mål i olika områden i ditt liv eller inte, så kommer du ändå ständigt att stöta på olika utmaningar inom diverse områden, till exempel för lite tid, för lite pengar, för mycket jobb, för mycket konkurrens. Allt detta och mycket mer behöver du ständigt hitta ett sunt och måttligt sätt att se på, det finns ju alltid en annan sida av myntet.

Att vara framgångsrik på riktigt handlar om så mycket mer än att veta vart du är på väg. Ibland ser du inte vart du är på väg, men du är på väg ändå. För att verkligen vara framgångsrik så behöver vi ta en stund och tänka på hur du kan vara framgångsrik i alla olika områden i ditt liv. Inte bara bli en bra, utan en strålande affärsman, en fantastisk pappa, en utmärkt affärspartner, en omsorgsfull make, en omtänksam vän, en superkollega, ett barn som inte bara respekterar sina föräldrar utan även visar det genom kärleksfulla handlingar. Hur kan du vara ditt bästa jag i alla sammanhang? Genom att leva i nuet och samtidigt bestämma NÄR du ska göra det. Men det har du ju redan bestämt i förväg när du väl gav svar på vad det viktigaste var i ditt liv, och näst viktigast, och så vidare. För kom ihåg: Det är vad du gör med tiden under tiden som betyder.

Vill du bli den som blir ihågkommen som personen som alltid fanns där? Se då till att du alltid är närvarande när du väl är i nuet. Kan du, så sätt telefonen på ljudlös och kolla den endast när du har avsatt tid för den.

Med det sagt så finns det fortfarande något osagt. Den sista ingrediensen till ett väl levt och framgångsrikt liv. Har du listat ut den än?

Det är balans. Livet är balans. Låt oss tänka lite på hur det ser ut i naturen.

Det sägs att om jorden skulle vara några kilometer längre från solen så hade det omöjligt funnits liv på planeten, och likaså om den hade varit några kilometer närmare solen. Jorden är alltså på perfekt avstånd från solen och det skapar perfekt balans för att livet skulle bli till på jorden.

Ta till exempel det fantastiska underverket och naturens perfekta balans, den så kallade näringskedjan. Den fungerar utan oss, och den är i perfekt balans för att livet på planeten ska kunna fortsätta existera.

Balansen i universum och på vår planet visar klart och tydligt svaret på vad vi behöver göra för att bli framgångsrika och lyckliga. Vi behöver hitta balansen i livet. Det gäller att inse och förstå att om det finns vitt så finns det svart, där det finns misär så finns det lycka, där det finns eld så finns det vatten, där det finns fattigdom så finns det också rikedom. Det som alltid varit kan helt plötsligt sluta att vara.

Låt oss säga att du stoppar något i munnen som är för varmt eller för kallt. Du kanske äter det ändå, men visst skulle du hålla med om att det bästa vore att ha hittat den perfekta balansen mellan kyla och värme så att det du åt smakade precis som du ville ha det?

Visst skulle det vara så? Man vill ju helst ha det som man själv behagar, även om det bara gäller balans i en sådan liten sak som att få det helt rätt när man värmer en fryst matlåda. Likaså kan balansen i form av lagom med eld och ved hålla igång en låga väldigt länge. Varför tar jag upp dessa illustrationer? undrar du. Jo, det är för att du ska kunna ha hundra procent fokus på vad det är vi pratar om och hur djupt vi behöver tänka för att hitta den perfekta balansen.

Så vad är balans egentligen och hur hittar vi den? Balans är något som vi tydligt känner när vi har uppnått det. Dock är det inte så lätt som det verkar, och det gäller inte bara dig utan även andra personer. Ett sunt och hälsosamt sätt att se på det vore att konstant använda dig av de principerna och de lagarna du nu har gjort till dina egna, och sedan utgå ifrån dem för att hitta balansen mellan det du vill göra och hur du vill göra det.

När du accepterar att du har rätt – men att andra också har rätt – så har du hittat en sund balans för relationer.

När du accepterar att du är bäst – men att det kan finnas någon som är både bättre och sämre än dig – så har du en bra, balanserad syn på människor, och det ger dig både självsäkerhet och ödmjukhet.

När du accepterar att du har misslyckats – men att du är lycklig för att du lärt dig av dina misstag – så har du balans.

När du inte tänker på jobbet när du är med din familj – eller tänker på din familj när du är på jobbet – så har du en fruktansvärt bra och måttlig syn på bra hälsa, och därmed har du balans.

När du drabbas av elände och tuffa perioder i livet – men ändå ser ljuset i slutet av tunneln – så har du en utmärkt syn på vad balans är för dig.

När du inser att klättra på grenar kan vara farligt – men att det är riskerna som kan bryta loss djuret i dig – så har du balans.

När du kan skratta, vara glad och tacksam för att du lever – trots dåliga nyheter – så har du balans.

När du tänker på andra – och på dig själv – så har du balans.

När du är beredd på det värsta – men alltid förväntar dig det bästa – så har du balans.

När du inser att tuffa tider går över – men att tuffa människor varar för alltid – så har du balans.

Balansen hos dig själv är förmågan att kunna veta vad som är för mycket och vad som är för lite i alla aspekter av ditt liv. Skulle du säga det är för mycket att träna två timmar alla dagar i veckan? Visst kan det vara för mycket för en person och för lite för en annan, beroende på prioriteringarna? Livet är som att gå på lina: luta för mycket åt vänster eller för mycket åt höger så ramlar du. Det viktigaste är att du finner var balansen är så att du kan resa dig upp och gå rakt igen.

Balans är när en affärsrelation fungerar på ett så smidigt sätt från bådas sidor att man både ger och tar utan att räkna hur mycket man har gett eller hur lite den andra har gjort. Det är ett mönster eller en princip som går att använda både i arbetsrelationer och i privata relationer.

Balans i din ekonomi hjälper dig att inte spendera mer pengar än du får in, och samtidigt hjälper det dig också att spara långsiktigt i linje med vad du har för framtidsplaner. Om du har balans i din ekonomi så har du planerat och vet precis hur mycket du behöver spara varje månad, hur mycket du behöver återinvestera och hur mycket du behöver för att både överleva och leva. Det kommer så småningom att ge dig de rikedomar du har längtat efter, och det liv som du alltid drömt om. Vad är ett sunt sätt att se på balansen mellan ens tillgångar och utgifter? Balansen för framgång där är att dina tillgångar och passiva intäkter överdrivet ska väga tyngre än dina utgifter så att du samtidigt kan njuta av det du tjänar genom den extra tiden du får.

För vad spelar det för roll om du tjänar bra med pengar om du aldrig får tid att njuta av det? Det är där du finner balansen mellan planering och framförhållning för att veta vad du kan göra med pengarna efter att du har tjänat dem.

Det är inget snack om saken: när en människa lägger sin energi och fokus på en enda sak i taget, till exempel på ett projekt, så kommer den snabbare att nå succé än om energin hade fördelats på fler än ett projekt. Här finns en välkänd regel som kallas för paretoprincipen och som uppfanns av Vilfredo Pareto. Han visade att 80 procent av orsakerna står för 20 procent av verkan. Det vill säga att 20 procent av befolkningen innehar 80 procent av egendomen i ett land. I försäljnings världen säger man även att 20 procent av försäljarna står för 80 procent av intäkterna.

Det finns också något väsentligt här som vi inte har råd att kompromissa om, och det är ett belöningssystem. Du kan fråga vilken framgångsrik person som helst, och den personen kommer att ha något att säga om hur viktigt det är att fira sina framgångar och hur det har bidragit till att ta personen till platsen den befinner sig på idag. Därför är det av största vikt att om du till exempel gillar att resa, gör det minst en gång per år och mindre resor minst en gång i kvartalet. Det behöver inte egentligen vara någon resa, men du behöver ge dig tid att återhämta dig och låta både kroppen och hjärnan få vila från alla rutiner. Då kan du ladda upp batterierna och agera ännu mer effektivt när du återhämtat dig, samtidigt som du njuter av lyckan som uppstår när du vet var du är på väg i ditt liv. Endast en självsäker person som inte tävlar med någon annan än sig själv, kan känna av vad lycka, njutning och avslappning egentligen är under en semester. En självsäker och framtidsfokuserad person låter inte bli att njuta av nuet.

För att göra detta behöver du så klart pengar. Du kan använda de pengar du har tjänat, eller så kan du öppna ett sparkonto som just är avsett för resor, där ungefär tusen kronor varje månad kan räcka gott och väl, men det bestämmer du själv. Och nu utgår vi från att du har jobbat med dina egenskaper så väl att du har självbehärskning och kontroll över dina pengar, och inte tvärtom. Är det fortfarande svårt så kan du gå tillbaka till avsnittet där vi talar om självbehärskning, det finner du i kapitel sex.

Du kanske tänker att du vill resa, men att du inte har tillräckligt med pengar för att göra det? Det är här självbehärskning och bestämdhet behöver samarbeta. Vilka lösningar finns det då? Många, men jag skulle vilja nämna två specifikt.

Nummer ett. Tjäna mer pengar. Nu är det så att trots att du redan är framgångsrik, så använder du aldrig pengarna för att resa, om dess syfte inte från början var att användas till just det. Framgångsrika människor som tjänar passiva inkomster och plötsligt bestämmer att de behöver ännu mer pengar till att resa, skapar då en ny passiv källa som kan generera den nya summan som behövs för att komplettera det sparkontot. Men nu kanske du tänker att det tar både tid och kraft från dig? Då skulle jag återkoppla direkt med frågan: Hur mycket är detta värt för dig? Kom ihåg att det som är värt att skaffa inte kommer utan ansträngning.

Nummer två. Självfallet finns det ju alltid andra sidan av myntet, och i det här fallet är det motsatsen till att tjäna mer. Vissa kommer att tycka att det här är lättare och andra kommer att tycka tvärtom. I slutändan är det en *balans* mellan dessa två som framgångsrika personer har funnit. Det andra sättet att få ihop till en resa är genom att spendera mindre, vilket jag anser är motsatsen till att tjäna mer. Varför är det svårt? För att det krävs självbehärskning för att kontrollera ens impulser och även ens beroenden. Och vi alla är beroende av åtminstone mat och vätska. Du kan välja mellan kött och vin eller bröd och vatten – eller båda. Att hitta balansen är helt upp till dig. Det krävs också **bestämdhet** för att kunna offra det som är för det som kan bli genom att tänka på att framtiden inte är nu, trots att det är nu jag offrar för att få något sedan.

211

Balans är vad du bestämmer att det är. Om ditt liv fungerar precis som du vill att det ska, så är det i balans. Hur kan man veta om ens liv är i balans? Det vet man genom att veta vad som är viktigt, varför det är viktigt och även hur du agerar för att uppnå det, samtidigt som du mår prima på vägen dit.

Är balans något omöjligt att uppnå på grund av alla problem och slag som livet utsätter en för? Vid det här laget så borde du ha förstått att det är rätt inställning som skapar rätt balans. Den som TROR att den inte kan, kommer inte att kunna, men den som TROR att den kan, kommer att kunna. Med det sagt så vill jag påstå att omöjligheter bara är en tolkningsfråga, och att balans är relativt, eftersom den då och då kommer att rubbas av alla slag som man får. Dock är det också väsentligt att påpeka att vi behöver slagen för att uppnå den ultimata balansen som livet erbjuder, eftersom utan alla motgångarna hade det varit svårare att uppskatta uppgångarna.

Något som också är viktigt att ta upp här när det gäller balans, är hur vi jämför oss själva med andra. Hur ofta tror du att barn jämför sig med sina föräldrar och även med sina kompisar? Det händer även många som vuxna, och det är nästan oundvikligt att det har hänt oss någon gång. Här finns det två sätt att jämföra sig på. DU kan välja att hamna i det tänk som dödar drömmarna, sänker självförtroendet och ökar de inre rädslorna genom att du jämför dig med någon som redan är där du vill vara och att du då känner att du är inkapabel till att uppnå vad dessa personer har uppnått. Detta tänk är fyllt med en rädsla för att misslyckas. Här fokuserar personen på sina brister, och på alla egenskaper som saknas idag för att personen kanske möjligtvis ska nå dit den vill en vacker dag. Man brukar säga att man tänker på allt som kan gå fel, och lägger det största av sitt fokus på en tro som inte gynnar en, utan som dödar en innan man ens har börjat leva, speciellt om du är en tonåring eller en ung vuxen och precis håller på att få klart för dig vart du vill och vad du

212

vill göra med ditt liv. Allt här ligger i ditt tänkande och det kan du välja att ändra på varje dag som går.

Men sedan så har du det andra tänket som inte kommer naturligt. Det tänket måste du kämpa för varje dag som går. Om du slutar kämpa för det du väljer att tro på så kommer det du inte vill tro på per automatik att ta över dina tankar.

TRO är en hemlig ingrediens i din kamp för att uppnå balans. Definitionen av vad tro är må vara personligt, men jag skulle vilja dela med mig vad min favoritbok säger om tro: "Tron är den säkra förväntan om det man hoppas på, det tydliga beviset på verkligheter som man inte kan se." – Hebréerbrevet 11:1.

Lägg märke till att det står "det man hoppas på". Hoppas du på något positivt som du vill ska hända så kommer du också att dra det till dig medvetet. Men lever du i rädsla och tänker på det som du inte vill ska hända kommer du att dra det till dig omedvetet.

Så det nyttiga och hälsosamma sättet att jämföra sig med andra är endast om du tror att gäller det "tydliga beviset på verkligheter som man inte ÄN kan se hos sig själv". Det är på detta sätt som många av oss resonerar när vi ser andra som är framgångsrika. Vi vet att vi kan lära oss något från dessa personer och vi vet att ifall de har kommit dit, så kan vi också göra det.

Du kan uppnå det och ännu mer, du behöver endast ha en sund balans i sättet du jämför dig med andra.

Trots att jag inte vet än vem du är som läser detta, så känner jag en speciell relation till dig. Med det sagt hoppas jag att jag når dina inre tankar och framför allt ditt hjärta, då jag tror och vet att om du kan lyckas med något så kan jag det med,

213

och om jag har lyckats med något som du vill lyckas med så kommer du att göra det bättre än vad jag har gjort.

Hur viktigt är rätt sorts tro om människor? Ta till exempel alla miljoner kronor som används för att forska om botemedel för cancer eller andra dödliga sjukdomar: Hur stor är chansen att man hittar ett botemedel om man forskar med tron att det är omöjligt att hitta en lösning? Hur mycket tro skulle du säga att människorna som hade som mål att landa på månen hade, innan de startade sitt projekt? Hur mycket tro hade Thomas A. Edison innan han uppfann glödlampan? Kan en person som gjorde över tusen försök innan han ens hade kommit i närheten av en av mänsklighetens största uppfinning, ha behövt en stark tro om att det var möjligt, trots att ingen annan hade lyckats med det innan? Ägna en kort stund åt att tänka på att denna man gjorde så många olika försök, och när ett inte fungerade så testade han en gång till, och så vidare. Men han gav aldrig upp hoppet och inte minst: han slutade aldrig att tro att det var möjligt att en gång lyckas förändra världen.

Kan du SE dessa tydliga bevis på verkligheter som man egentligen *inte* kan se?

Det är din perfekta balans som skapar ett hälsosamt liv, ett liv där familj, relationer och ekonomi får dig att må både psykiskt och fysiskt fantastiskt. Kom ihåg att hälsa är en kombination av fysiskt, psykiskt och socialt välbefinnande och det är här du behöver hitta den ultimata balansen för att bli lycklig.

Som jag tidigare har berättat så har mitt liv inte alltid varit i balans. Som du vet är det något som jag har ständigt kämpat för, speciellt när allt har gått bra och något fruktansvärt plötsligt har hänt, som när min barndomskompis avled i cancer efter endast 20 år på denna jord, eller när de enda två männen som försökte ta papparollen under min uppväxt också försvann ur mitt liv, väldigt unga, enligt mig. Min morfar avled i prostatacancer när han var endast runt 65 år gammal, och sedan försvann också min styvpappa när han var endast 48 år gammal, han som gjorde sitt bästa för att visa mamma, min syster och mig kärlek. Jag vill tacka er från djupet av mitt hjärta för den kärlek och lycka ni har bidragit till i mitt liv, samt för det som ni lärde mig om livet. Och detta bevisar för världen att man inte behöver ha både en rik och en fattig pappa – eller någon som har den rollen överhuvudtaget – för att nå framgång. Balansen går att hitta ändå. Det säger jag till dig därute som kanske också har saknat en fadersfigur eller en förälder i ditt liv.

Kom ihåg att livet är för kort, men bara för trångsynta människor. Eller som det sägs på engelska:

"Life is too short, to live small."

Är det för stort att tänka sig att du faktiskt kan uppnå den ultimata balansen i ditt liv och konstant jobba för att bibehålla den varje dag? Tänk högre, tänk större, tänk som en vinnarskalle. Första steget för att uppnå det du vill ha är och kommer alltid att vara att tänka på det. Men endast en tanke behöver i sig inte skapa balans, det saknas något.

"MOTION CREATES EMOTION."

Sommaren 1971 delade en forskargrupp ledd av psykologiprofessor Phillips Zimbardo, slumpmässigt in, en grupp av människor i två mindre grupper, där människorna agerade som antingen fångar eller fängelsevakter. De fick utöva sina respektive roller i ett låtsasfängelse i en källare. Inom några dagar började vakterna visa auktoritära attityder, vilket ledde till att de i slutändan utsatte några av fångarna för avsiktlig förnedring. Fångarna utvecklade passiva attityder, många sjönk in i ett deprimerat tillstånd. Experimentet stoppades efter bara sex dagar. Stanfordexperimentet sägs ofta illustrera kraften av olika sociala roller när det gäller

215

formandet av olika typer av beteenden, men det illustrerar också hur makt kan framkalla verkligt kraftfulla känslor. Vakterna i Zimbardos försök var egentligen inte vakter. Och fångarna var inte fångar. De var alla frivilliga. De var alla elever. Men när de började agera, började de att uppleva rollerna på riktigt. Därför sägs det att handling skapar känsla.

Alla vill ha balans. Det är livets största utmaning, speciellt med så mycket som händer runt oss som distraherar oss omedvetet från det som är viktigt. De största ursäkterna man kan tänka sig att använda är att tiden inte räcker till, att vi inte är robotar, och att vi endast är människor.

Låt oss ta ett litet mer konkret exempel, och låt oss bryta ner alla våra 24 timmar så gott det går och få klart för oss en gång för alla hur mycket tid var och en av oss har. En hel vecka innehåller 168 timmar. Om vi spenderar 56 timmar på att sova, så blir det 112 timmar kvar. Om vi lägger 40 timmar i veckan på att arbeta så blir det 72 timmar kvar. Och låt oss säga att vi lägger två timmar om dagen på träning och egen tid där vi har chans att utveckla oss och läsa eller lyssna på något konstruktivt. Då har vi 58 timmar kvar. Men vi ska ju naturligtvis lägga undan tid för familj, barn och andra relationer. Låt oss säga att det går åt 3 timmar varje dag för det. Då skulle vi ha 37 timmar kvar, och då har vi till och med möjlighet att lägga in en timme dagligen för tv och sociala medier, och då skulle vi ha 30 timmar kvar. Låt oss lägga 2 timmar dagligen på att äta och 1 timma på att laga mat, då skulle vi ändå hamna på 9 timmar kvar. Och om vi nu tar bort 2 timmar för att tvätta och städa, så skulle vi fortfarande ha 7 timmar kvar. Så hur mycket tid har vi egentligen? Vi har samma tid allihop – 24 timmar – men balansen måste vi själva sätta oss ner och planera.

Den andra återkommande ursäkten var något i stil med att vi inte är robotar, vi är endast människor. Precis, vi är endast människor. Människor som lyckades landa på månen, människor som skapar robotar, och som en vacker dag även kommer att kunna säga att vi lyckades bota cancer.

Nu tar jag upp cancern igen. Det är för att när jag tänkte på mina egna motgångar och delade med mig av mina nära och käras öde, så tänkte jag även på dig där ute som kanske också förlorat någon nära i cancer, eller att det till och med kan vara du själv som nyligen har fått nyheter om att du har cancer. Mina tankar går till dig och jag kan inte föreställa mig hur det hade känts att själv vara i din sits, men låt mig försöka.

Läkaren kommer in och berättar att det de kunde hitta tyder på att det är cancer, och ju snabbare vi opererar, desto större är chansen att få bort det. Redan där vill jag hävda att det som rör sig i våra hjärnor är allt det vi inte hunnit göra färdigt. Om man har barn och barnbarn kan tanken vara: "Hur kan jag lämna dem redan? De är så små och världen är så stor, det är så mycket jag inte hunnit visa dem. Jag vill absolut inte dö, jag älskar ju mina vänner och min familj, det är för tidigt. Och det här vet jag för att det såg jag i min morfars ögon när jag masserade hans ben som gjorde ont, när han var döende i cancer. Men vänta lite, läkaren har sagt att vi ska operera, det kanske finns en chans att det försvinner …"

Efter operationen säger läkarna att allt gick bra och att de måste göra en kontroll efter några veckor för att bekräfta att det blev lyckat. Sedan på kontrolldagen kan jag tänka mig att dessa tankar om oro och överlevnad dyker upp igen. Inte minst så har man känt och tänkt väldigt mycket under veckorna innan kontrollen. Det har känts som de längsta evighetsveckorna. Man har funderat på om cancern är kvar och man måste dö, eller om den är borta och man kan börja leva igen. Det som jag tror kan vara normalt att tänka precis innan sista kontrollen är: "Om jag klarar mig så lovar jag att jag ska börja ta tag i allt jag inte har lyckats med. Jag ska spendera mer tid med alla jag älskar. Jag ska göra det jag älskar och älska det jag gör. Jag ska leva till 110 procent. Jag ska ge allt. Och jag ska göra resten av mitt liv till det bästa med mitt liv."

Det finns en fara med sådana tankar ... Det är troligt att man skulle börja evaluera sitt liv så fort man fick veta att man kanske kommer att dö på grund av cancer. Men det som är farligt då är att mata de negativa tankarna med saker man hade gjort, om det visar sig att så inte alls är fallet. Eller att man börjar skapa en lista för allt man hade börjat med om man klarade av denna börda. För tänk om det är sant och du enligt läkarna har fått en dödlig sjukdom? Ja, då kommer din motivation inte alls att vara på topp och livslusten kommer du att tappa långt innan du ens har gått bort. Men nu är vi ju fortfarande kvar och därmed har vi allt ansvar för att fortsätta göra det vi kan för att kämpa, och om vi ändå dör så måste det vara ett lyckligt och tillfredställande check-out, där vi innerst inne vet att vi har gjort allt vi kunde för att leva det bästa livet och även kämpat varenda sekund för att överleva.

Men säg nu att läkaren plötsligt kommer in i rummet för att droppa nyheterna. Och samtidigt som du håller i din partners hand så säger läkaren det värsta du kunde tänka dig: att cancern har spridit sig och att de nu måste börja med strålbehandling eller med cellgifter. Man frågar vad som händer om det inte går bra. Läkaren svarar: "Om det inte går bra så kommer behandlingen som attackerar cellerna att påskynda cancerns spridning och utveckling." "Så, så, så hur länge har jag kvar?" Läkaren säger att det finns en risk för att det värsta händer, men om vi inte behandlar nu, så har du endast tre månader kvar. Men om vi påbörjar nu och kör behandlingen så kan det bli bra. Man frågar igen: "Men om behandlingen inte går bra, kan du snälla säga hur länge det är kvar?" "Om det mot all förmodan inte skulle gå bra, så skulle sjukdomen ta över alla bra celler och till slut komma åt alla viktiga organ på ungefär fyra veckor."

Förnekelse var det första naturliga steget, och det andra är då acceptans. Nu sitter jag där och tänker: "Vad kan balans göra för att hjälpa mig nu, när jag ändå kommer att dö ...? Men vänta lite, jag är ju inte död än och läkaren nämnde också att jag genast bör ändra min livsstil och endast hålla mig till grönsaker och nyttiga matval. Just det, han nämnde även att träning och motion kunde hjälpa, och visst var det så att Les Brown och många andra har gått igenom samma situation som mig och klarat sig? Läkaren gav honom tre månader att leva men han lyssnade inte och bestämde sig för att LEVA i flera år. Det är här alla de där åren och träningstimmarna kommer in, det är här vinnarskallen träder fram, och sägs det inte även att en man verkligen lär känna sig själv under sina svåraste tider? Visst är det så att om andra har klarat att fortsätta hålla balansen, så kan jag också lyckas? Jag lever idag! Dö kan jag göra imorgon! Så länge jag lever så kommer jag att kriga, cancern kommer inte att ha det lätt, jag kommer att slåss, även om det innebär att jag kommer att ge upp mitt sista andetag! EN LÄKARE KAN INTE BESTÄMMA OM JAG SKA LEVA ELLER DÖ!"

Dagen kommer när det är dags att kontrollera hur allt har gått efter behandlingarna. Min själ och mitt sinne är utmattade av allt tänkande, och läkaren meddelar att jag är cancerfri så länge jag fortsätter leva som jag gör. Lyckan jag känner är oslagbar, och mitt liv har aldrig varit så meningsfullt.

Flera fall som detta kan vi skapa genom balans. Och inte bara det: vi kan även balansera våra tankar så att de alltid lutar lite mer åt det positiva, så att vi dödar alla negativa tankar som dyker upp på grund av vår miljö. En negativ miljö med negativa människor kommer vi att stöta på förr eller senare, och att springa därifrån är inget alternativ. Stå kvar och visa vad du har så kommer din energi motivera och smitta av sig på andra som också behöver balans. Det kommer att skapa en känsla av tillfredställelse och kärlek inom dig. Kom ihåg:

"Det är vad du gör med tiden under tiden som betyder något."

Håller du med om att övning ger färdighet? Men blir man färdig någon gång? Hur kommer det sig att man ibland hittar nya möjligheter och nya idéer som egentligen varit framför oss hela tiden? Jag rekommenderar att du läser denna bok minst tre gånger innan du bestämmer dig för att du har hittat alla gömda pärlor som finns i den. För när du väl har hittat en, så kommer du inte att kunna sluta leta.

Denna bok är inte till för personer som behöver professionell hjälp, varken ekonomiskt eller emotionellt. Lider du av depression eller har riktiga ekonomiska problem så rekommenderar jag utan tvekan dig att ta hjälp av en psykolog eller en ekonomisk rådgivare, beroende på vad du anser att du behöver hjälp med.

Mitt syfte med den här boken är att motivera alla slags människor till att ta tag i livet och börja leva ett liv som få ens drömmer om att ha, med sinnesro och balans.

"ETT MÅL ÄR ENDAST EN DRÖM MED EN DEADLINE" –
Napoleon Hill

Källor:

Think and Grow Rich

Success Through a possitive mental attitude

The secret

The power

Hero

Bli en vinnarskalle

Gör tvärtom

Its not over until I win

Lev i Tiden

Bibeln

Munken som sålde sin ferrari

Tisdagar med Morrie

Better than Good

Det blir alltid som man tänkt sig

Vem gråter vid din grav

Secrets of a millionaire mind

How to win friends and influence people

Rich Dad Poor DAD

Bli en bättre talare

Talk to anyone

Lead The Field ~ Earl Nightingale

Avslutning

Denna bok är tillägnad mina barn. Jag vet att ni och jag inte är här och nu än, men pappa älskar er redan. Mina råd om hur jag valt att se på livet kommer från många år av misstag, svett och tårar. Jag vill ert bästa. Vad ni väljer att göra med den här kunskapen om livet och det dyrbaraste jag har efter er, är helt upp till var och en.

Som ni vet pluggade jag aldrig på någon högskola, och gör ni det så är det bra! Men studera livet, mänskligheten och dig själv ännu hårdare än skolämnena, för livet är större än bara läran om hur man blir en i mängden.

Oavsett vad du väljer att göra: gör något som gör dig lycklig, för rik är du redan. Kom ihåg Apostlagärningarna 20:35: "Det är lyckligare att ge än att få." Och om kunskap och tid är mer dyrbart än pengar, vad är då bäst att ge?

Gör vad du kan med vad du har och utifrån det du är. Förvänta dig det bästa, men var beredd på det värsta. Din framtid är inte nu, men det är nu du skapar din framtid. JAG ÄLSKAR ER AV HELA MITT HJÄRTA!